LE GUIDE DE L'ANTI MANAGER

Du même auteur :

10 minutes pour coacher ses collaborateurs, Diateino, 2019.

Titre original anglais : *The Advice Trap*.
Publié pour la première fois par Page Two Books Inc.

Traduit de l'anglais par Nelly Renault.

ISBN : 978-2-35456-519-0

www.diateino.com
contact@diateino.com
fr.linkedin.com/company/diateino
@diateino

MICHAEL BUNGAY STANIER

LE GUIDE DE L'ANTI MANAGER

POURQUOI LES MEILLEURS COACHS NE DONNENT PAS DE CONSEILS

diateino

Ils ont aimé ce livre

Chez Microsoft, se comporter en manager-coach et le fait d'être coaché constituent des éléments fondateurs de notre culture, qui permettent aux individus talentueux de réussir et de s'épanouir. Michael Bungay Stanier a contribué à faire évoluer notre conception du coaching et la manière dont ce dernier peut donner corps à notre état d'esprit de croissance.

– **Jean-Philippe COURTOIS**, président et vice-président exécutif monde ventes, marketing et opérations de Microsoft.

Ce livre dit la vérité : les meilleurs leaders sont ceux qui obtiennent plus de leurs collaborateurs en agissant moins. Cependant, apprendre à en faire moins peut se révéler terriblement pénible. Mais l'approche claire et efficace de Michael Bungay Stanier permet de relever ce défi et de faciliter la réalisation de changements difficiles.

– **Liz WISEMAN,** auteure des *Multiplicateurs* et de *Rookie Smarts.*

Concis, percutant et réaliste. Une fois de plus, l'auteur lance un appel à la vigilance en apportant une réelle valeur.

– **Seth GODIN**, auteur de *C'est ça, le marketing.*

Le Guide de l'anti-manager est l'antidote à l'inertie bureaucratique. Vous ne pouvez pas agir en leader si vous n'avez pas lu ce livre.

– **Jennifer PAYLOR**, responsable des ressources humaines, du développement du leadership et du coaching, division opérations et services d'IBM.

★★★★★ **Absolument remarquable.**

Cet ouvrage extrêmement concret fait partie des rares livres que j'ai lus deux fois (et que je relirai volontiers).

G. SECUISKI

★★★★★ **Pas de fioritures, génial !**

Chaque chapitre mérite votre attention. C'est le meilleur éloge que je puisse adresser à un livre. Il ne s'agit pas d'un ouvrage scientifique, mais plutôt utile, concret et parfaitement exposé.

L. RAMEY

★★★★★ **Un manuel inspirant.**

Des concepts très intéressants dans ce livre et une présentation attractive. Le livre m'a tellement captivé que je l'ai lu en deux nuits, en prenant sans cesse des notes.

B. CALLAHAN

★★★★★ **Concis et pertinent.**

La plupart des livres que j'ai parcourus ne valaient pas celui-ci. J'ai apprécié le style de l'auteur et ses anecdotes personnelles.

Client KINDLE

★★★★★ Brillant et tellement utile !

Rédigé dans un style spirituel, léger et accessible, vous allez vous amuser tout en apprenant : à recommander. Pour le plus grand bien des cultures d'entreprise déplorables, dans votre propre intérêt et pour éviter une nouvelle séance de coaching désastreuse : LISEZ CE LIVRE.

Stephen M.

★★★★★ Diriger avec « quoi » au lieu de « pourquoi ».

C'est l'un des livres sur le management les plus pertinents que j'ai lus depuis très longtemps, et ce sera probablement l'un des plus marquants que vous lirez au cours de votre carrière. Mon seul regret est de ne pas l'avoir découvert plus tôt : la différence aurait été énorme pour tous les membres des équipes que j'ai dirigées !

S. HOWELL

Le but de ce livre n'est PAS de faire de vous un coach.

Tout comme mon précédent ouvrage, *10 minutes pour coacher ses collaborateurs*, ce livre a pour objectif de faire de vous un leader, un manager, un être humain qui se comporte davantage comme un coach. Cela signifie que vous devrez prendre l'habitude, pourtant simple, mais difficile, d'apprivoiser le « monstre des conseils » intérieur afin de décupler votre curiosité et de ne pas céder à la facilité de l'action et des conseils. Je suis convaincu que vous apprécierez cette lecture à la fois rapide et utile.

Michael

TheAdviceTrap.com #ApprivoisezVotreMonstreDesConseils

Ce livre est dédié à Peter Block. Il y a plus de dix ans, il a accepté d'écrire un texte de présentation pour mon premier livre, *Get Unstuck & Get Going*. Généralement, les textes de présentation sont un peu superficiels, et c'est légitime : ils sont censés faciliter la vente d'un livre grâce à un coup d'éclat. Celui de Peter était différent. Il a dit : « Il y a un message politique discret... indiquant que, même si le coaching est accessible à tous, il ne constitue pas pour autant un métier, mais une façon d'être avec les autres. »

Cette observation est devenue le fil conducteur de mon travail et de celui que nous accomplissons chez Box of Crayons. Nous entendons généraliser la pratique du coaching, car c'est cette capacité à rester curieux qui nous permettra à tous de grandir. Peter a été le premier à attirer mon attention sur ce point de vigilance, et je lui en suis reconnaissant.

**Ce livre vous donne
les outils pour intégrer
la curiosité
dans vos pratiques
quotidiennes de leadership.**

Il vous convaincra
qu'il est moins important
de « dire » que de « poser
des questions ».

Sommaire

« On reconnaît
un homme habile
à ses réponses ;
on reconnaît
un homme sage
à ses questions. »

Naguib Mahfouz[1]

1. Naguib Mahfouz, né le 11 décembre 1911 et mort le 30 août 2006 au Caire en Égypte, est un écrivain et un intellectuel réputé. Il a reçu le prix Nobel de littérature en 1988 (*NdlT*).

Introduction

Évitez de tomber dans le piège des conseils

Mon précédent ouvrage, *10 minutes pour coacher ses collaborateurs,* traite du coaching de personnes ordinaires par des personnes ordinaires. Il présente les 7 questions clés dont vous avez besoin pour adopter la posture du manager-coach, et la manière de poser ces questions pour améliorer votre efficacité. En résumé, pour ceux qui ne l'auraient pas lu : en affirmant moins et en posant plus de questions, vous pouvez travailler moins et produire un impact plus fort. Pour développer des habitudes de coaching, vous devez vous montrer curieux et ne pas vous précipiter pour donner des conseils.

Vendu à plus de 500 000 exemplaires, ce livre a connu un succès international, et les organisations du monde entier y font référence. Cependant, il s'avère que le fait de se rapprocher du rôle de manager-coach et de faire preuve de curiosité est plus difficile que la plupart d'entre nous ne le pensent. Quelles que soient nos bonnes intentions, nous aimons donner des conseils. Nous *adorons* cela. Dès que quelqu'un commence

DIRE DIRE DIRE DIRE DIRE DIRE DIRE DIRE DIRE DIRE DIRE DIRE DIRE DIR
DIRE DIRE DIRE DIRE DIRE DIRE DIRE DIRE **POSER DES QUESTIONS** DIRE DIR
DIRE DIRE DIRE DIRE DIRE DIRE DIRE DIRE DIRE DIRE DIRE DIRE DIRE DIR
DIRE DIRE DIRE DIRE DIRE DIRE DIRE DIRE DIRE DIRE DIRE DIRE DIRE DIR
DIRE DIRE DIRE DIRE DIRE DIRE DIRE DIRE DIRE DIRE DIRE DIRE DIRE DIR
DIRE DIRE DIRE DIRE DIRE DIRE DIRE DIRE DIRE DIRE **POSER DES QUESTION**
DIRE DIRE **POSER DES QUESTIONS** DIRE DIRE DIRE DIRE DIRE DIRE DIRE DIR
DIRE DIRE DIRE DIRE DIRE DIRE DIRE DIRE DIRE DIRE DIRE DIRE DIRE DIRE DIR
DIRE DIRE DIRE DIRE DIRE DIRE DIRE DIRE DIRE DIRE DIRE DIRE DIRE DIRE DIR
DIRE DIRE DIRE DIRE DIRE DIRE DIRE DIRE DIRE DIRE DIRE DIRE DIRE DIRE DIR
DIRE DIRE DIRE DIRE DIRE DIRE DIRE DIRE DIRE DIRE DIRE DIRE DIRE DIRE DIR
DIRE DIRE DIRE DIRE DIRE DIRE DIRE DIRE **POSER DES QUESTIONS** DIRE DIR
DIRE DIRE DIRE DIRE DIRE DIRE DIRE DIRE DIRE DIRE DIRE DIRE DIRE DIRE DIR
DIRE DIRE DIRE DIRE DIRE DIRE DIRE DIRE DIRE DIRE DIRE DIRE DIRE DIRE DIR
DIRE DIRE DIRE DIRE DIRE DIRE DIRE DIRE DIRE DIRE DIRE DIRE DIRE DIRE DIR
DIRE DIRE DIRE DIRE **POSER DES QUESTIONS** DIRE DIRE DIRE DIRE DIRE DIR
DIRE DIRE DIRE DIRE DIRE DIRE DIRE DIRE DIRE DIRE DIRE DIRE DIRE DIR
DIRE DIRE DIRE DIRE DIRE DIRE DIRE DIRE DIRE **POSER DES QUESTIONS** DIR
DIRE DIRE DIRE DIRE DIRE DIRE DIRE DIRE DIRE DIRE DIRE DIRE DIRE DIR
DIRE DIRE DIRE DIRE DIRE DIRE DIRE DIRE DIRE DIRE DIRE DIRE DIRE DIR
DIRE DIRE DIRE DIRE DIRE DIRE DIRE DIRE DIRE DIRE DIRE DIRE DIRE DIR
DIRE **POSER DES QUESTIONS** DIRE DIRE DIRE DIRE DIRE DIRE DIRE DIRE DI

#ApprivoisezVotreMonstreDesConseils

à parler, notre curiosité disparaît et notre « monstre des conseils » surgit de notre subconscient, se frottant les mains en déclarant : « Je vais apporter une valeur ajoutée à *cette* conversation ! Oui, vraiment. »

C'est le piège des conseils à éviter : donner des conseils devient votre style de management par défaut. Je suis prêt à parier que vous en êtes victime et que vos interactions habituelles ressemblent à quelque chose comme...

Vos conseils ne fonctionnent pas

Certes, ils fonctionnent de temps en temps. Vous avez probablement donné un conseil avisé à quelqu'un au cours des deux derniers jours. Mais, contrairement à ce que vous pensez, vos conseils sont rarement efficaces, et ce, pour deux raisons immédiates.

1. Vous ne résolvez pas le bon problème

Dans la plupart des situations, vous proposez des idées et des solutions (pertinentes ou non) pour résoudre le mauvais problème. Vous vous êtes trompé en pensant que le premier défi évoqué constitue le véritable défi. Or, c'est rarement le cas. Mais, comme nous avons tous envie d'être utiles et que nous sommes prêts à passer à l'action, nous nous précipitons afin de résoudre le premier problème qui se présente – même si ce n'est pas celui qui doit être résolu.

Dans tous les services de votre organisation, des collaborateurs travaillent d'arrache-pied sur des aspects secondaires, car les responsables ont manqué de curiosité pour identifier le véritable défi. Donner des conseils à la hâte est source de gaspillage en matière de ressources humaines et de budget, et nécessite une bonne dose d'énergie.

2. Vous proposez une solution médiocre

Admettons que vous ayez évité cette première erreur et que vous vous mettiez à reconnaître le réel challenge. Vous avez consacré un certain temps à déterminer le point qui doit réellement être résolu, au lieu de chercher la solution au premier problème soulevé. Bravo !

Malheureusement, vous proposez une multitude de solutions qui ne sont pas forcément efficaces. Vos idées ne sont généralement pas aussi bonnes que vous ne le croyez, et ce, pour différentes raisons. Tout d'abord, vous n'avez pas une vue d'ensemble de la situation. Vous disposez seulement de quelques éléments, d'une série de données, d'opinions solidement ancrées et d'une foule de suppositions. Vous *pensez* comprendre le contexte. Votre cerveau vous permet d'identifier des schémas et d'établir des connexions qui vous rassurent et vous font croire que vous maîtrisez la situation. Mais faites-moi confiance, ce n'est pas le cas. En réalité, vous disposez d'une seule partie de la vérité et d'environ six fois plus de suppositions.

Ajoutez-y votre biais personnel, c'est-à-dire ce que les experts en sciences comportementales appellent une tendance excessive à considérer que vos idées sont excellentes. Il n'est pas surprenant que vous soyez si enclin à émettre des opinions : chacune d'entre elles recèle une pépite d'or ! (Vous pensez probablement aussi que votre comportement est supérieur à la moyenne.)

À cette situation vient se greffer la caractéristique organisationnelle de la « première idée-ite », cette pratique qui consiste à adopter la première solution qui semble réalisable et pas trop incongrue. Il s'agit d'une combinaison des raisons évoquées précédemment, à laquelle s'ajoutent les contraintes de temps, la peur de proposer des suggestions irréalisables et le confort de faire un choix prudent. Au lieu de proposer des options complémentaires plus pertinentes, les managers se précipitent sur la première pseudo-idée, qui est rarement le meilleur choix.

Mais ce n'est pas tout. En effet, les conséquences du piège des conseils sont plus profondes que les frustrations momentanées liées à l'échec de la résolution d'un problème.

Un leadership défaillant

Le véritable coût du piège des conseils réside dans les schémas de travail dysfonctionnels qui se perpétuent entre les individus, au sein des équipes et dans les organisations.

Joe Folkman, du cabinet Zenger Folkman[1], a constaté que les managers qui se contentent de donner des conseils « résistent aux commentaires des autres, se montrent moins sympathiques et sont incapables de faire grandir leurs collaborateurs ». De même, Liz Wiseman, chercheuse en leadership, a remarqué que la « curiosité intellectuelle » – le fait de poser des questions et de se comporter davantage en leader-coach – est ce qui distingue le mieux les leaders qui créent le plus fort impact (appelés « leaders multiplicateurs ») par rapport aux autres. Lorsque le conseil devient le mode de management prédominant, ses effets négatifs se font sentir à quatre niveaux.

1. Il démotive les individus qui reçoivent les conseils

Dans son ouvrage, *La Vérité sur ce qui nous motive*, Daniel Pink expose clairement les trois éléments clés de la motivation réelle de l'individu : l'autonomie, la maîtrise et le besoin de donner un sens à sa vie : la carotte et le bâton, c'est fini ! Si une personne reçoit constamment des conseils, sans avoir la possibilité de partager ses propres idées, alors son autonomie et sa maîtrise vont inévitablement régresser, et, très probablement,

---

1. Zenger Folkman (ZF) est le premier cabinet au niveau mondial spécialisé dans la recherche sur le leadership, l'évaluation, les programmes de développement et de mise en œuvre. ZF est réputé pour son système unique, fondé sur la mesure et le *benchmarking* qui prouvent l'impact sur la performance des organisations (*NdlT*).

son objectif. Le fait de se voir imposer une marche à suivre – même avec les meilleures intentions du monde – indique que la personne qui reçoit les conseils n'est pas vraiment considérée pour sa capacité à penser, mais uniquement pour sa capacité à mettre en œuvre les idées de quelqu'un d'autre.

POUR ALLER + LOIN

Vous trouverez plus d'informations sur les « leaders multiplicateurs » de Liz Wiseman et sur les avantages d'une culture fondée sur la curiosité sur le site de Box of Crayons Lab.

Les collaborateurs démotivés ne se sentent pas encouragés à donner le meilleur d'eux-mêmes, à exprimer leur créativité, leur engagement et leurs compétences, à assumer le leadership et à expérimenter quelque chose de nouveau. Si vous encadrez cette catégorie de collaborateurs, vous devrez composer avec une équipe trop dépendante, qui s'adresse systématiquement à vous et qui semble avoir renoncé à son autonomie.

2. Il submerge la personne qui donne des conseils

Outre le fait que vous risquez de déresponsabiliser et de démotiver les autres en leur prodiguant des conseils dont ils ne veulent pas, et qui ne sont pas aussi judicieux que vous ne le pensez, votre tendance à donner des conseils de manière automatique signifie que vous alourdissez inutilement votre charge de travail et vos responsabilités. Non seulement vous faites votre propre travail, mais vous faites également celui des autres. Vous n'avez plus le temps, ni les moyens de vous concentrer sur les actions qui font la différence.

Si vous vous trouvez dans une telle situation d'accablement, il est probable que vous soyez, de surcroît, devenu un goulet d'étranglement pour les autres. En effet, vous disposez de trop d'informations et de contrôle, ce qui nous ramène au problème initial : le piège des conseils démotive ceux qui les reçoivent, car ils ne sont pas autorisés à assumer la responsabilité qui devrait leur incomber.

3. Il compromet l'efficacité des équipes

Le piège des conseils ne pénalise pas seulement la personne qui les donne et celle qui les reçoit, mais également l'ensemble des membres. En effet, les équipes constituées de receveurs démotivés et de donneurs débordés sont moins susceptibles d'identifier et de se concentrer sur le véritable défi. Elles sont accaparées par le travail, mais pas nécessairement de concert ou de manière optimale, et probablement pas par les actions qui comptent. De plus, personne n'a une idée claire de ses responsabilités. Ce piège empêche les équipes de devenir plus performantes en agissant ensemble plutôt qu'au niveau individuel.

Le piège des conseils : nous continuons de donner des conseils, même si nous savons qu'ils ne fonctionnent pas.

#ApprivoisezVotreMonstreDesConseils

Comment se montrer curieux

Le Guide de l'anti-manager reprend à l'endroit où *10 minutes pour coacher ses collaborateurs* s'est arrêté en mettant l'accent sur le « comment » pour se rapprocher du rôle de manager-coach. Il s'agit d'un manuel, d'un livre de jeux, d'un studio, d'un dojo - appelez-le comme vous voulez - qui approfondit les aspects nécessaires au changement de votre comportement managérial.

La première partie analyse *la manière de changer votre comportement* et les raisons pour lesquelles il est si difficile de *surmonter la tendance à donner systématiquement des conseils.* Nous aborderons un processus en quatre étapes sur la *façon d'apprivoiser votre « monstre des conseils »*, ce qui implique de comprendre les concepts de *changement facile* et de *changement difficile.* Afin de modifier votre comportement, vous devez supprimer certaines des barrières qui vous incitent à agir toujours de la même manière et à rester dans votre routine de confort. Nous verrons comment ce changement de comportement vous ouvre les portes du *leadership du futur*.

4. Il limite le changement organisationnel

La responsabilité des managers ne se limite pas à l'efficacité de leurs équipes directes ; ces derniers sont censés promouvoir les ambitions et l'orientation stratégique de l'organisation. Aujourd'hui, les entreprises connaissent des changements permanents, et les dirigeants doivent être suffisamment agiles pour s'adapter et incarner l'avenir de leur organisation.

La tendance à donner systématiquement des conseils représente une menace pour tous. Elle génère du gaspillage, sape l'innovation et affaiblit la capacité d'adaptation indispensable pour réussir. Elle freine la flexibilité et vous fait compromettre l'engagement et les ambitions de vos collaborateurs. Le fait de donner des conseils de manière automatique entérine le statu quo de la hiérarchie et des processus, et conduit votre organisation dans l'impasse.

La deuxième partie vous donne des outils plus spécifiques et plus précis pour vous aider à rester curieux. Pour vous guider, voici les cinq mantras à suivre : *coacher, c'est simple; identifier le véritable défi; éviter la fuite de votre interlocuteur; rechercher une interaction tous azimuts* et, enfin, *s'éloigner des vieilles peurs*. Chacun d'entre eux vous aidera à faire du coaching un mode de leadership puissant et durable. Entre ces rubriques, vous trouverez des Masterclass consacrées aux bonnes pratiques, inspirées des idées des lauréats de prix Nobel, des champions du monde, des blockbusters de Hollywood, etc.

La troisième partie vous accompagne dans le développement de votre habitude de coaching. Tout d'abord, je vous livre quelques *recettes de la maîtrise du coaching*, en particulier le rôle essentiel de la *générosité*. Je change les rôles en vous mettant au défi de faire preuve de *vulnérabilité* en devenant une personne facile à coacher. Comment vous présenter de manière à tirer le meilleur parti du moment où quelqu'un vous pose les questions, plutôt que l'inverse ? Le dernier secret de la maîtrise du coaching consiste à continuer de se former : vous aurez la possibilité d'apprendre auprès de 52 enseignants, parmi les meilleurs coachs et experts au niveau mondial dans le domaine du leadership.

Ceux d'entre vous qui recherchent des preuves peuvent consulter le site de Box of Crayons Lab, qui contient les recherches sur lesquelles sont fondés nos propos, ainsi que différentes sources.

Allons-y

Mise en garde : échapper au piège des conseils et apprivoiser votre « monstre des conseils » ne sera pas chose facile. Vous allez devoir changer radicalement la manière dont vous vous présentez aux autres depuis des années. Mais, grâce à ce guide et à votre engagement à adopter des comportements et des habitudes différents, vous pourrez révolutionner à jamais votre style de management.

Ah ! une dernière chose

Je comprends tout à fait le paradoxe
d'écrire un livre qui donne des conseils
sur la manière de donner moins de conseils.
Acceptons cette sagesse de la contradiction
et restons-en là.

Partie 1

Apprivoisez votre « monstre des conseils »

Changement facile *vs* changement difficile

Pourquoi il
est simple
(ou presque)
de comprendre
son nouveau
téléphone,
mais difficile
de tenir
ses résolutions.

Deux catégories de changements

Tout le monde dit : « Le changement est difficile » mais, en réalité, la plupart du temps, les choses ne se présentent pas si mal. Vous avez beaucoup appris et énormément changé dans votre vie. Vous avez compris comment visionner des films et des émissions de télévision en streaming ? Oui, vous avez réussi. Vous avez changé de poste ou de métier, et vous vous y êtes adapté assez rapidement ? Bien sûr. Un nouvel itinéraire pour vous rendre au bureau, une nouvelle compétence professionnelle, une nouvelle relation, professionnelle ou personnelle – au début, vous ne saviez rien, vous avez compris, vous vous êtes entraîné, vous avez progressé et, finalement, vous maîtrisez la situation. C'est ce qu'on appelle le changement facile, et vous êtes plutôt doué pour cela.

Mais il existe aussi le changement difficile. Sans surprise, celui-ci est plus délicat. Vous avez réussi à opérer un changement difficile, mais dans certains cas, vous avez lutté et

L'EXPÉRIENCE DU CHANGEMENT FACILE

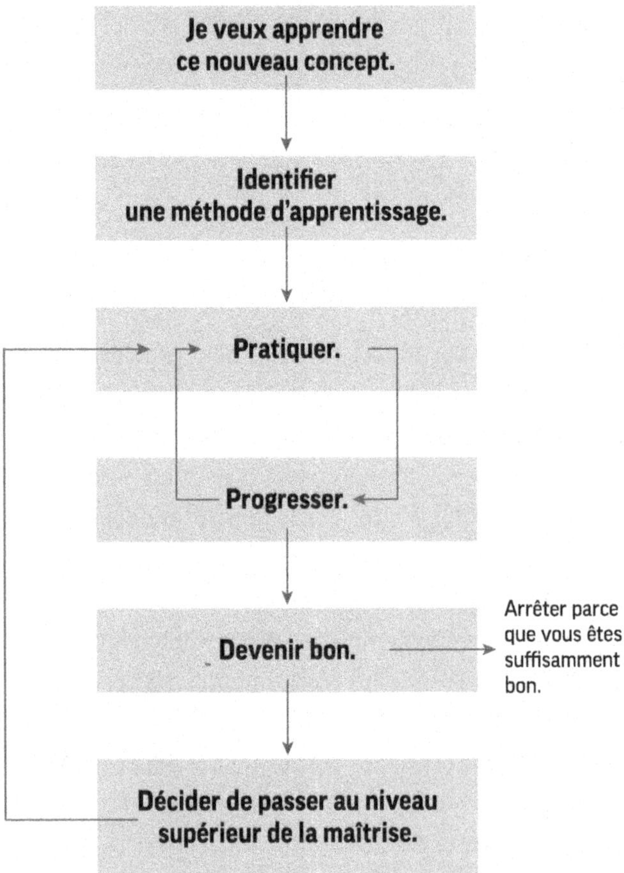

#ApprivoisezVotreMonstreDesConseils

L'EXPÉRIENCE DU CHANGEMENT DIFFICILE

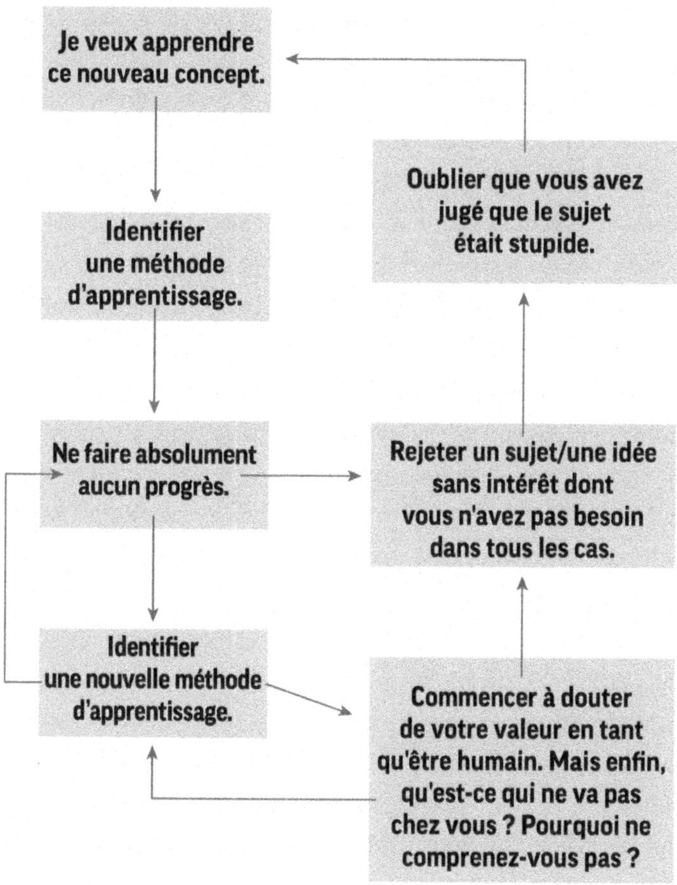

#ApprivoisezVotreMonstreDesConseils

échoué. Si vous avez pris une résolution de début d'année sur laquelle vous revenez sans cesse, puis une autre, et encore une autre, mais que vous ne parvenez *toujours pas* à concrétiser..., vous êtes probablement confronté à un changement difficile. Si vous obtenez systématiquement les mêmes commentaires lors de votre évaluation professionnelle annuelle, quels que soient les efforts que vous déployez pour progresser, vous vous trouvez vraisemblablement face à un changement difficile.

Si vous rendez votre conjoint fou en persistant à agir de la sorte, même si vous n'en avez pas envie, vous êtes probablement confronté à un défi de changement difficile.

La raison pour laquelle le changement facile est relativement simple est que vous savez identifier le problème et trouver la solution. Cette dernière est complémentaire : déterminez ce dont vous avez besoin et intégrez-le à vos pratiques habituelles. C'est comme télécharger une nouvelle application sur votre téléphone.

Le changement difficile est plus complexe parce que les solutions utilisées pour le changement facile ne sont tout simplement pas adaptées, ce qui est frustrant. Vous les avez testées, puis essayées à nouveau. Le téléchargement de l'application ne fonctionne pas. Vous vous retrouvez avec un nombre croissant d'applications que vous n'utilisez pas. En réalité, vous devez installer un nouveau système opérationnel.

Se comporter davantage comme un manager-coach et apprivoiser votre « monstre des conseils » ? Un changement difficile.

Pour certains d'entre vous, essayer de se comporter davantage en manager-coach représente un changement facile. Des personnes épanouies m'ont écrit : « Depuis que j'ai lu *10 minutes pour coacher ses collaborateurs*, j'ai changé ma façon de diriger. C'est extraordinaire ! » J'adore ce type d'e-mail.

Mais le problème est le suivant : je sais que la majorité des gens ne connaissent pas ce miracle. Il m'a fallu beaucoup de temps pour y parvenir.

Apprivoiser votre « monstre des conseils » constitue un changement difficile, tout simplement. Dans le cas d'un changement difficile, le fait que je vous livre mes meilleures questions de coaching ne crée pas une différence durable. Avant que ces outils ne deviennent réellement efficaces, vous devez maîtriser le changement difficile qui vous permettra de vous rapprocher du statut de manager-coach.

En réalité, il s'agit d'une compétition entre votre Vous actuel et votre Vous futur.

Changement
difficile :
vous n'avez
pas besoin
d'une nouvelle
application ;
**vous avez besoin
d'un nouveau
mode opérationnel.**

#ApprivoisezVotreMonstreDesConseils

Votre Vous actuel *vs* votre Vous futur : la tentation de la guimauve !

Le changement facile se contente d'affiner votre Vous actuel, tandis que le changement difficile façonne votre Vous futur. Pour les adultes, cela ressemble au fameux test de la guimauve, qui consiste à donner aux enfants un morceau de guimauve et à leur laisser le choix : résister à l'envie de le manger pendant quinze minutes et gagner une seconde pâte de guimauve... Dans ce cas, votre Vous futur gagne ! Si vous cédez à la tentation, c'est votre Vous actuel qui gagne la guimauve... et votre Vous futur perd.

Un changement difficile implique de dire non à une partie qui a fonctionné jusqu'à présent pour votre Vous actuel. Dire non aujourd'hui vous permet de dire oui à la promesse de récompenses futures.

POUR ALLER + LOIN

La récente controverse à propos de l'expérience de la guimauve est disponible sur le site de Box of Crayons.

Vous jouez un jeu à plus long terme, plus difficile et plus ambitieux, avec la tentation constante de vous retirer au profit d'un gain à court terme. Vous changez potentiellement vos croyances et vos valeurs, votre rôle et vos relations, ainsi que la manière dont vous vous présentez à votre entourage. Cette situation est inconfortable et difficile, mais elle constitue un véritable changement de vie.

Au fur et à mesure que vous construirez votre Vous futur, vous connaîtrez des revers. Retomber dans des schémas peu efficaces peut être frustrant et quelque peu embarrassant. Après tout, ce n'est probablement pas la première fois que vous comprenez que le fait de donner des conseils ne s'avère pas toujours la meilleure méthode de leadership. Vous avez certainement reconnu au moins une des trois raisons pour lesquelles les conseils ne fonctionnent pas : le mauvais problème, la mauvaise solution et/ou le mauvais leadership. Vous les reconnaissez, car elles font partie de notre mode de fonctionnement à tous. La raison pour laquelle elles continuent d'apparaître comme une manière de travailler par défaut est que votre Vous actuel (celui qui succombe à votre « monstre des conseils ») l'emporte sur votre Vous futur (celui qui exige de se montrer curieux).

Savoir que vous devrez vous comporter davantage comme un manager-coach et vous engager à changer ne suffit pas. De même, la perspicacité et l'engagement ne sont pas suffisants pour briser les schémas et apprivoiser votre « monstre des conseils ». Pour ce faire, nous devons d'abord nous demander pourquoi nous nous plaisons à être mauvais.

L'avantage du dysfonctionnement

Vous adoptez un comportement dysfonctionnel parce que celui-ci ne comporte pas que des inconvénients. Vous tirez un certain bénéfice de ce type de comportement, un petit gain immédiat, même si celui-ci ne correspond pas à ce que vous souhaitez *réellement*. C'est un bonus à court terme pour votre Vous actuel, même si vous renoncez à un gain plus significatif pour votre Vous futur. Il ne s'agit pas de gains réels.

Le triangle dramatique de Karpman, un modèle auquel je fais référence dans *10 minutes pour coacher ses collaborateurs*, illustre parfaitement cette combinaison de pseudo-gains du présent et de pertes plus importantes dans le futur. Le docteur Stephen Karpman[1] a créé ce modèle pour expliquer la dynamique observée dans l'analyse transactionnelle (AT), une approche thérapeutique. Ce modèle met en lumière le schéma de trois rôles dysfonctionnels dans la vie quotidienne : la victime, le persécuteur et le sauveur.

Lorsque vous vous trouvez dans ce triangle et que vous jouez l'un de ces rôles (et croyez-moi, vous avez joué tous ces rôles à différents moments, probablement même au cours des

---

1. Stephen Karpman, psychothérapeute dans les années 1960, a enseigné la psychiatrie à l'université de Californie. Sa théorie du triangle dramatique relative aux relations dysfonctionnelles, manipulatoires et aux jeux psychologiques entre les individus a été qualifiée comme le $E = mc^2$ de la gestion des conflits (*NdlT*).

dernières vingt-quatre heures), il existe un avantage limité à court terme et un inconvénient à plus long terme. Si vous jouez le rôle de la victime, vous payez le prix fort : vous êtes bloqué, impuissant, pleurnichard, triste, en colère ; vous vous forgez une réputation dont vous ne voulez pas... et pourtant, ces pseudo-gains sont liés au fait que vous êtes capable de blâmer les autres pour cette situation (« ils » l'ont fait), d'éviter toute responsabilité et de devenir le centre de l'attention de ceux qui aiment sauver les victimes.

Si vous jouez le rôle du persécuteur, vous êtes frustré, en colère, hargneux, solitaire, épuisé et débordé. Les pseudo-gains proviennent du fait que vous êtes capable de faire porter le chapeau aux autres si les choses vont mal, de vous sentir supérieur aux personnes affreuses avec lesquelles vous devez travailler, de préserver l'illusion du contrôle et d'être « vertueusement » en colère.

Si vous jouez le rôle du sauveur, le rôle auquel la plupart des gens s'associent rapidement, le prix à payer est lourd : vous êtes épuisé, enfermé dans une spirale sans fin à essayer de satisfaire tout le monde et de régler les problèmes des autres.

Vous êtes frustré de ne pas pouvoir vous consacrer à votre propre travail, car vous vous mêlez des affaires des autres. Pour couronner le tout, vous entretenez le processus du triangle dramatique, en *sachant* que les individus ne sont pas capables de régler les choses eux-mêmes, créant ainsi des victimes et des persécuteurs.

Construisez
votre futur
plutôt que
de peaufiner
votre présent.

#ApprivoisezVotreMonstreDesConseils

Les pseudo-gains ? Vous éprouvez un sentiment de profonde souffrance parce que personne n'apprécie la manière dont vous essayez de sauver la personne/la situation/l'équipe/l'organisation/le monde, et la satisfaction de vous mêler (dans le bon sens du terme, bien sûr) des affaires des autres.

Commençons

Ce principe de pseudo-gains fait référence à ce que mon ami Mark Bowden appelle le mécanisme « satisfactions et sanctions » dans tous les choix que vous opérez. Dans chaque situation, il y a toujours un avantage et un coût. Votre Vous actuel bénéficie des avantages à court terme liés à un non-changement, mais se prive des gains de votre futur. Lorsque vous optez pour un changement difficile, vous affirmez préférer les récompenses plus significatives et à plus long terme pour votre futur.

Pour incarner le futur qui valorise le leadership, vous devez apprivoiser votre « monstre des conseils ». Pour la plupart d'entre nous, cela représente un changement difficile. Les pages suivantes ont pour but de faciliter ce changement.

Quels sont les éléments les plus utiles ou les plus pertinents pour vous dans ce chapitre ?

Avant de poursuivre, quelles sont les notions que vous souhaitez vraiment retenir de ce chapitre ? Le fait de noter la réponse augmente vos chances de vous en souvenir.

....

....

....

....

....

....

....

Comment apprivoiser votre « monstre des conseils »

Les trois
comportements
du « monstre
des conseils » :

**dire, sauver,
garder le contrôle.**

Costumes

Quand nous étions enfants en Australie, mes frères et moi avions un coffre à vêtements. C'était magique : une collection de hauts assortis, des cravates, des breloques, des chapeaux et autres articles de récupération, ainsi que quelques accessoires (capes de Superman, masques, gants de ski, etc.). Je pouvais passer aisément du costume de superhéros à celui de conducteur de train en passant par les bijoux de perles, les talons hauts et le boa à plumes.

Je ne suis pas le seul à pouvoir porter un costume. Votre « monstre des conseils » fait la même chose. En fait, il aime endosser trois rôles : dire, sauver et contrôler.

Dire

Le personnage le plus bruyant et le plus visible joué par le « monstre des conseils » est celui dont le rôle consiste à vous convaincre que vous avez été engagé pour avoir la réponse. Si vous ne l'avez pas, vous échouez. Le fait d'avoir la réponse constitue le seul moyen concret pour vous d'apporter une valeur ajoutée et l'unique manière de faire reconnaître votre réussite.

Remarques à propos de ce personnage

- Aime être sous les projecteurs.
- Arbore les attributs de l'autorité, de l'ancienneté, de la sagesse, du privilège et de « je sais mieux que quiconque ».
- Apparaît dans les situations d'urgence (ce qui est toujours le cas).
- Agit en groupe. Dans une conversation, il y a bien souvent cette catégorie de personnages.
- Vous fait croire que vous savez mieux que les autres.

Sauver

Le deuxième personnage que votre « monstre des conseils » aime incarner est le sauveur. Il est un peu plus discret et apparemment moins sûr de lui que le premier, mais il est tout aussi envahissant et nuisible.

Vous devez avoir la réponse ! Si vous ne l'avez pas, aucun problème ne sera résolu et ce sera l'échec total !

Vous avez l'entière responsabilité de tout ! Si vous ne jouez pas votre rôle de sauveur de toutes les situations, ce sera l'échec total !

Vous devez garder le contrôle de la situation ! Si vous ne contrôlez pas l'ensemble du processus, ce sera l'échec total !

Sa tactique consiste à vous expliquer sérieusement, en privé, que, si vous ne tenez pas le coup, l'échec est *inévitable*. Il vous appartient d'être complètement responsable de chaque personne, de chaque situation et de chaque résultat. En cas de doute, prenez sur vous (et, en l'absence de doute, prenez sur vous).

Remarques à propos de ce personnage

- Courant, bien qu'habile à recourir au camouflage « d'être utile ».
- Particulièrement présent en cas de conflit potentiel.
- Peu enclin à se comporter en martyr.
- Atteint son maximum lorsqu'il est confronté à un individu qui joue le rôle de victime.
- Essaie de vous faire croire que vous êtes la personne qui a le plus de responsabilités.

Garder le contrôle

Le dernier personnage que votre « monstre des conseils » se plaît à jouer est celui qui contrôle. C'est le plus rusé des trois. Il agit dans l'ombre et vous assure, avec une autorité bienveillante, que la seule manière de réussir est de garder le contrôle en permanence. Il tente de vous convaincre que tout est contrôlable, tant que vous êtes aux commandes. Ne faites pas confiance aux autres. Ne partagez pas le pouvoir. Ne cédez pas le contrôle. Si vous abandonnez ce dernier, ne serait-ce que partiellement, vous risquez l'échec total.

À propos de ce personnage

- Toujours présent, manipulateur, mais discret et en retrait.
- A la folie des grandeurs.
- Déterminé, parfois incapable de lâcher prise.
- Excessif à propos du concept d'*empowerment*[1].
- Essaie de vous faire croire que vous êtes la seule personne à pouvoir mettre fin à une situation chaotique.

Différent... mais fondamentalement identique

Je présume que vous reconnaissez les trois personnages du « monstre des conseils », mais l'un d'eux en particulier est peut-être présent dans votre environnement. Il est possible que vous ayez travaillé avec acharnement pour éliminer un ou deux de ces monstres pendant votre propre parcours. Certains n'apparaissent que dans des situations très précises (je suis plutôt bon avec le contrôle, sauf quand je suis avec un de mes frères qui semble détenir la clé magique pour déverrouiller cette cage étrange...).

---

1. L'*empowerment* est un outil de management qui consiste à renforcer le pouvoir décisionnel des collaborateurs. Vision, appropriation et autonomie constituent ses trois piliers principaux (*NdlT*).

Vous prétendez qu'ils ne sont pas assez intelligents, pas assez judicieux,

Le « monstre des conseils »

suffisamment résilients, suffisamment capables, suffisamment compétents,

pense que

suffisamment courageux, suffisamment novateurs, suffisamment intègres,

vous êtes meilleur

suffisamment généreux, suffisamment dignes de confiance.

que les autres.

Vous prétendez que les autres ne sont pas assez bons.

Quel que soit le personnage qui vous interpelle le plus, les trois possèdent des caractéristiques communes, une croyance essentielle à laquelle vous adhérez au moment où votre « monstre des conseils » se libère :

Vous êtes meilleur que les autres

Observez votre réaction lorsque vous lisez cela. Cette vision des choses est conflictuelle et provocatrice, et elle est censée l'être.

Peut-être ressentez-vous immédiatement la véracité de cette affirmation et souhaiteriez-vous qu'il n'en soit pas ainsi (moi aussi). Si vous restez les bras croisés et les sourcils froncés, écoutez ceci : je ne dis pas...

... vous êtes vraiment meilleur que les autres.

... vous n'avez ni doute ni incertitude.

... à aucun moment, vous ne faites preuve de générosité et de curiosité.

... vous ne respectez, ni n'encouragez les autres.

En réalité, je ne dis pratiquement rien de ce que vous êtes probablement en train d'imaginer.

Je *dis* que dans les cas où votre « monstre des conseils » a saisi le moment et que vous dites aux autres ce qu'ils doivent faire, ou que vous les sauvez d'une situation, ou que vous gardez le contrôle des événements, la croyance qui se cache derrière ces réactions est la suivante : *je suis meilleur qu'eux*. Je suis plus rapide ou plus intelligent, plus expérimenté ou plus ancien, plus sûr de moi ou plus bruyant, plus créatif ou plus stratégique, plus pertinent ou...

Dans ces circonstances, vous dites également qu'ils ne sont pas à la hauteur : pas assez intelligents, pas assez efficaces, pas assez judicieux, pas assez résilients, pas assez performants, pas assez compétents, pas assez courageux, pas assez créatifs, pas assez honnêtes, pas assez généreux, pas assez dignes de confiance, pas assez [insérez n'importe quel qualificatif qui compte pour vous] pour s'en sortir. Vous dites qu'ils ne sont pas assez bons.

Ils ne sont pas assez bons.

Ils ne sont pas assez bons.

Analysez ce constat et mesurez combien il est inconfortable de l'admettre. Cette situation sans issue n'est pas tenable dans le temps. C'est épuisant pour vous et déresponsabilisant pour eux. Et, en allant au fond des choses, on se rend compte que tout cela est inhumain, pour vous comme pour les autres.

Lorsque vous prenez davantage la posture du manager-coach, vous brisez ce cycle. Vous libérez le potentiel des autres, sans le diminuer. Vous devez apprendre à apprivoiser ce « monstre des conseils ». Il s'agit d'un changement difficile, donc le fait de répéter simplement « arrête ça, arrête ça, arrête ça » ne suffira pas, malheureusement. Vous devez aborder la question sous un angle différent.

Apprivoiser. Ne pas bannir, détruire ou anéantir sans pitié. Le « monstre des conseils » fait partie intégrante de l'être humain. À sa manière, ce personnage veut vous rendre service. Vous ne pouvez pas vous en affranchir. Mais vous devez l'apprivoiser pour éviter qu'il vous fasse agir de manière négative pour vous et pour la personne que vous coachez.

S'il existait un moyen direct, rapide et simple de régler ce problème, vous seriez face à un changement facile et vous ne seriez pas ici en ce moment. Identifier le défi nécessite une réflexion personnelle et de la pratique. J'ai décomposé le processus en quatre étapes.

Je vous en propose une vue d'ensemble et, dans les pages suivantes, nous les préciserons.

Quatre étapes pour apprivoiser votre « monstre des conseils »

1. Qui a laissé échapper le monstre ?

Vous ne pourrez pas apprivoiser votre « monstre des conseils » tant que vous ne connaissez pas les raisons qui le poussent à agir et le mettent en colère. Vous savez aussi bien que moi que certaines personnes ont le don de mettre en valeur les devises comme « avoir la réponse », « sauver » ou « garder le contrôle », tandis que d'autres ne vous agacent tout simplement pas. Dans certains cas, il ne s'agit pas d'une personne en particulier, mais d'une situation spécifique. Il faut connaître l'élément déclencheur avant de pouvoir changer l'habitude.

2. Aveux

À présent que vous connaissez la personne et/ou le moment, vous pouvez affiner le comportement de votre « monstre des conseils ». Que vous incitent à faire précisément les recommandations des trois personnages de ce monstre ? Dans certains cas, c'est flagrant, dans d'autres, c'est plus subtil. Ce que vous faites ici, c'est admettre un comportement inapproprié, ce qui est un peu délicat. Puissant et efficace... mais toujours inconfortable.

3. Récompenses et sanctions

Bien que cette étape puisse, dans certaines situations, donner l'impression de représenter un moyen détourné, elle est néanmoins indispensable à la gestion du processus du changement difficile. Faites ressortir à la fois les avantages (récompenses) et les coûts (sanctions) du comportement que vous avez identifié à l'étape 2. Il est étrange d'admettre les avantages que vous avez qualifiés de dysfonctionnels, mais ils existent – certes, à court terme et fragiles, motivés par l'ego et les pseudo-gains. Si ces avantages tirés de votre situation actuelle vous ont été utiles d'une certaine manière dans le passé, ils constituent désormais un obstacle à Votre Futur. C'est la raison pour laquelle vous devez formuler les sanctions et le prix à payer par Votre Futur pour résister à ces récompenses transitoires.

4. Construisez Votre Futur pour gagner !

Comme je suis vieux, je viens seulement de comprendre que « *FTW* » signifie « pour la victoire[1] ! » (J'ai l'intention de me renseigner prochainement sur la signification de « *LOL*[2] » pour être parfaitement au courant de ce que vous, les jeunes, racontez sur vos téléphones portables.) En effet, c'est à ce stade que j'explique clairement pourquoi il est important de changer son comportement, d'apprivoiser son « monstre des conseils » et de se forger une meilleure version de soi-même – Votre Futur. C'est à ce moment-là que vous commencez à vous engager réellement en faveur de ce futur que vous envisagez. Si vous n'en percevez pas les avantages, il sera très compliqué pour vous de modifier votre comportement : difficile de « lâcher la balançoire du trapèze si on ne voit pas où on tombe ». Le bénéfice devra être ambitieux non seulement sur le plan intellectuel, mais également sur le plan psychologique. Vous le ressentez dans votre cœur et dans votre tête.

---

1. *For the win* en anglais (*NdlT*).

2. *LOL* (*Laughing Out Loud*) signifie « mort de rire » (MDR) en langage SMS (*NdlT*).

Étape 1 : qui a laissé échapper le monstre ?

Vous ne pouvez pas apprivoiser votre « monstre des conseils » tant que vous ne connaissez pas les facteurs qui le déclenchent. Le plus souvent, il s'agit de la combinaison d'une catégorie d'individus et de certaines situations.

À la page suivante, vous trouverez un tableau amusant de correspondances qui vous permettra de commencer à identifier les individus et les situations qui provoquent votre « monstre des conseils ». Quelles sont les combinaisons qui pourraient fonctionner dans votre cas ?

Vous pouvez constater qu'il existe de nombreuses possibilités pour votre monstre de secouer les grilles de sa cage pour s'échapper. Si vous interagissez avec d'autres personnes, votre personnage se manifestera. Alors... quelle combinaison « qui + quand » déclenche votre monstre ? Il peut être utile d'identifier une personne et une situation spécifiques.

Vous pouvez appliquer le processus en notant la personne et la situation ci-dessous.

....

....

....

....

....

....

Cette catégorie de personnes	... dans cette catégorie de situations où
Qui a plus d'ancienneté que vous.	Vous savez ce qui se passe.
Qui a moins d'ancienneté que vous ou autant que vous.	Vous ne savez pas ce qui se passe.
Qui est plus intelligente, plus rapide ou meilleure que vous.	Les parties prenantes jouent les impuissantes ou les malchanceuses.
Qui n'est pas aussi intelligente, ou aussi rapide, ou aussi bonne que vous.	Les délais sont courts.
Que vous connaissez bien.	Confusion, ambiguïté, incertitude ou encore manque d'informations sont des facteurs à prendre en compte.
Que vous ne connaissez pas bien	La question est d'ordre politique.
Qui vous demande des conseils.	Vous n'êtes pas d'accord.
Qui ne vous demande pas de conseils.	L'enjeu est important.
Qui vous lance des défis	« Ce truc » est récurrent.
Qui ne vous lance pas de défis.	Les parties prenantes ne comprennent pas.
Avec laquelle vous avez une relation.	Les parties prenantes continuent de faire la même erreur.
Avec laquelle vous n'avez aucune relation.	C'est plus simple de le faire vous-même.

Étape 2 : aveux

Puisque vous êtes désormais capable d'identifier le moment où votre « monstre des conseils » se manifeste, le temps est venu de reconnaître un comportement inapproprié. Quels sont vos trois personnages ou qu'est-ce qui les caractérise ? La particularité des « monstres des conseils » va bien au-delà du fait de donner des conseils hâtifs. Ces personnages sont plus variés, plus courants et plus insidieux que cela.

POUR ALLER + LOIN

Voici quelques astuces de pro pour franchir cette étape : respirez profondément et soyez prêt à vous mettre à nu et à reconnaître le dysfonctionnement de votre comportement. Restez réaliste en pensant à une personne ou à une situation spécifique décrite à l'étape 1.

Voici quelques comportements fréquents des « monstres des conseils ». Il ne s'agit pas d'une liste exhaustive, et certains de ces comportements se vérifient dans chacun des différents personnages. Il est possible que vous ayez identifié d'autres pratiques qui ne figurent pas sur cette liste ; n'hésitez pas à les ajouter, le cas échéant.

Principaux comportements du personnage qui prétend « avoir la réponse »

- Je cesse d'être à l'écoute dès que l'idée/la solution/la suggestion germe dans ma tête.
- Je dévoile mon idée dès qu'elle me vient à l'esprit.
- Je donne la solution qui me semble la meilleure pour l'autre personne.

Principaux comportements du personnage qui « sauve »

- Je prends la responsabilité de résoudre le problème, même si ce n'est pas mon problème.
- En général, je ne demande pas l'avis de la personne sur la réponse ou la solution.
- Je comble les silences pesants.

Principaux comportements du personnage qui « garde le contrôle »

- Je prends les commandes dès le début d'une réunion ou d'une conversation, et je conclus les échanges.
- Je suis anxieux quand je ne suis pas sûr de l'orientation de la discussion.
- Je rétablis la situation chaque fois que je sens que les choses sont en train de déraper.

Utilisez cet espace pour poursuivre le processus. Vous pouvez noter certains comportements que vous adoptez lorsque votre « monstre des conseils » se manifeste.

....

....

....

....

Étape 3 : récompenses et sanctions

Maintenant que vous avez identifié la manière dont votre « monstre » se manifeste dans une situation donnée, élargissez votre champ d'action et déterminez à la fois les avantages et les inconvénients que vous retirez de ce comportement. Apprivoiser votre « monstre des conseils » constitue un changement difficile et, au cours de cette étape, vous abordez le défi de façon un peu moins directe et un peu plus approfondie. Vous connaissez les aveux qui vous font défaillir. Plutôt que de vous dire : « Cette fois, je te promets que je vais vraiment arrêter de me comporter ainsi », vous devez vous poser les questions suivantes : « Quelles sont les récompenses et les sanctions de mon comportement de “monstre des conseils” ? « Quels sont les pseudo-gains dans ce cas ? »

Vous remarquerez qu'il s'agit de récompenses à court terme et que, même si elles vous ont été utiles dans certains cas, elles ne sont pas durables. La sanction correspondante met en évidence l'aspect négatif de chaque récompense et les raisons pour lesquelles ces récompenses sont en réalité des pseudo-gains.

Quels sont ceux qui vous interpellent ?

Principales récompenses et sanctions du personnage qui prétend « avoir la réponse »

- Récompense : grâce à mes idées, je suis toujours perçu comme la personne qui « crée de la valeur ».
- Sanction : *je suis convaincu que ma seule manière d'apporter une valeur ajoutée consiste à avoir une réponse, une obligation forte. J'écarte les idées des autres.*
- Récompense : je suis considéré comme la personne la plus intelligente dans la salle.
- Sanction : *je ne tolère pas que quiconque soit plus intelligent que moi et je freine le potentiel de mon équipe.*
- Récompense : je fais avancer les choses rapidement.
- Sanction : *je ne prends pas le temps d'identifier le véritable défi, donc nous perdons du temps à résoudre les mauvais problèmes.*

Principales récompenses et sanctions du personnage qui « sauve »

- Récompense : je pense être le mieux placé pour savoir ce qui est juste.
- Sanction : *je ne laisserai à personne d'autre le soin de résoudre ce problème. J'assumerai toujours la responsabilité de devoir le résoudre.*

- Récompense : je crois que je suis la personne qui a le plus de responsabilités.
- Sanction : *je pense que personne d'autre ne fait preuve du même engagement que moi. Je démontre cet engagement en me montrant débordé en permanence. Je ne donne pas la possibilité aux autres de prendre les responsabilités appropriées.*
- Récompense : je crois avoir une capacité illimitée à prendre les choses en main.
- Sanction : *je suis constamment débordé. Je pense que je dois dire oui à tout pour réussir. Je ne me concentre pas de manière stratégique sur les choses les plus importantes, et mon équipe non plus.*

Principales récompenses et sanctions du personnage qui « garde le contrôle »

- Récompense : je tiens les rênes parce que je suis convaincu d'être la seule personne capable de le faire.
- Sanction : *je crois que personne d'autre ne peut contrôler la situation. Je porte la responsabilité d'être en situation de contrôle total. Je fais en sorte que personne d'autre n'apprenne à diriger.*
- Récompense : je préserve l'équipe des situations inconnues.
- Sanction : *je pense que l'inconnu comporte un risque. Je ne saisis pas l'opportunité d'explorer la nouveauté et la différence.*
- Récompense : je préviens le chaos.

« Demander conseil : ah ! voilà une chose tellement humaine, mais ô combien risquée ! »

Hunter S. Thompson[1]

1. Hunter Stockton Thompson, reporter et écrivain américain, serait né en 1939 (1937 selon certaines sources). Il a menti sur son âge pour intégrer une rédaction à Louisville, Kentucky. Il est mort le 20 février 2005 à Woody Creek, Colorado (*NdlT*).

- Sanction : *j'assume la charge de la vigilance permanente et je protège tout le monde des situations chaotiques. Je ne laisse pas les autres gérer leur propre vie.*

POUR ALLER + LOIN

Vous pouvez affiner vos récompenses et vos sanctions ainsi que leur importance en suivant le processus de facilitation décrit sur le site MyAdviceMonster.com.

Poursuivez le processus en notant ci-dessous quelques récompenses et sanctions que vous considérez comme justes pour vous.

....

....

....

....

....

....

Vous pouvez constater que vous approfondissez les choses. Vous découvrez des vérités plus profondes non exprimées ou partiellement exprimées, et vous comprenez le coût plus élevé que vous payez pour vos comportements et croyances actuels.

Cette prise de conscience de soi fait partie intégrante du processus du changement difficile. Les idées constituent toujours les prémices d'un changement de comportement durable.

POUR ALLER + LOIN

Pour approfondir le sujet et identifier le personnage du « monstre des conseils » qui vous correspond le mieux, vous trouverez un questionnaire sur le site MyAdviceMonster.com.

Étape 4 : construisez votre futur pour gagner !

Nous arrivons à présent au cœur de la question : pour quelles raisons changeriez-vous ? Même lorsque vous constatez les récompenses et les sanctions liées à votre comportement actuel, vous avez conscience de la puissance de votre futur leadership, mais le changement reste difficile. Pour vous aider à opérer cette transition, vous devez non seulement comprendre ce dont vous vous éloignez, mais aussi ce vers quoi vous vous dirigez.

Voici votre futur : une manière de mieux réfléchir, de mieux diriger, de vous sentir mieux et d'être meilleur. Parmi les avantages de ce nouveau mode de leadership, nous pouvons citer les suivants.

Principaux atouts du futur personnage qui prétend « avoir la réponse »

- J'apporte une «valeur ajoutée» en renforçant le pouvoir décisionnel des autres plutôt qu'en leur donnant des conseils.
- Je ne suis pas obligé de toujours avoir la réponse. Je peux compter sur la contribution des autres.
- Je continue de partager mes conseils et ma sagesse, mais je le fais de manière délibérée et sélective plutôt que par réaction.

Principaux atouts du futur personnage qui « sauve »

- Je ne dois pas me sentir responsable de la vie des autres. Ce sont des adultes et ils doivent assumer leurs propres choix.
- Je peux accompagner les autres en les aidant dans leur processus de décision plutôt qu'en faisant des choix à leur place.

Principaux atouts du futur personnage qui « garde le contrôle »

- Je peux garder le contrôle sur l'*empowerment* et l'engagement.
- Je peux apprendre aux autres à diriger, plutôt que de diriger moi-même et ainsi me mettre en retrait.
- Je peux laisser place à l'inconnu, qui représente généralement un avantage concurrentiel et un facteur d'innovation.

Identifiez les avantages qui comptent le plus pour votre futur et notez-les ci-dessous.

....

....

....

....

Votre futur leadership

Dans quelle direction vous engagez-vous ? Admettons que vous apprivoisiez votre « monstre des conseils » et que vous passiez au stade de votre futur, où cela vous mènerait-il exactement ? Si vous « changiez votre manière de diriger pour toujours », quel manager deviendriez-vous ?

Votre futur vous anime et vous dirigez avec plus d'empathie, d'attention et d'humilité. Ces qualités ne vous rendent pas nécessairement plus sympathique ou bienveillant (même si je pense que c'est souvent le cas). Elles vous rendent plus intelligent, plus humain et plus efficace. « Empathie », « pleine conscience » et « humilité » sont des termes à forte connotation, alors permettez-moi de les analyser avec vous.

L'empathie ne signifie pas que vous vous laissez facilement apitoyer ou attendrir, ou que vous êtes sensible d'une manière générale. Au contraire, elle implique d'être tourné vers l'autre, d'être prêt à comprendre ce que signifie suivre son parcours.

Le philosophe Martin Buber décrit deux types de relations : *Je-Tu*[1] et *Je-Cela*. Dans les relations du type *Je-Cela*, l'humanité fondamentale de l'autre est ignorée. Les relations *Je-Tu* sont empreintes d'empathie, ce qui permet de maintenir le lien entre les individus. L'empathie vous donne un sens et une compréhension plus approfondis de la réalité de l'autre.

La pleine conscience ne signifie pas le retrait silencieux de plusieurs jours, ni la nécessité de vous poser sur un coussin de méditation (bien que ces deux activités soient probablement judicieuses). La pleine conscience implique que vous soyez moins réceptif à ce qui se passe dans votre entourage. Vous favorisez une courte pause entre la phase de stimulation et celle de la réponse, un moment où vous choisissez de manière plus active la meilleure façon de vous manifester. Vous consacrez moins de temps à l'emprise de vos conseils, car, quand l'élément qui peut vous faire réagir se produit, vous le remarquez, vous respirez et vous choisissez votre manière d'agir.

---

1. *Je et Tu* es une œuvre du philosophe juif d'origine allemande Martin Buber (1878-1965) publiée pour la première fois en 1923. Aussi bien philosophique que théologique, car le « Tu » éternel et absolu est Dieu, cet ouvrage insiste sur l'altérité, le sens de l'autre en tant que « personne » (pas de « je » sans « tu ») et comme dimension essentielle à toute vie humaine (*NdlT*).

POUR ALLER + LOIN

Ces trois qualités peuvent se nourrir entre elles. L'empathie mène à la pleine conscience, qui conduit à l'humilité, qui aboutit à l'empathie et ainsi de suite. J'ai écrit un article qui approfondit cette idée, il est disponible sur le site AdviceTrap.com.

Empathie : une meilleure perception de la réalité de l'autre
Pleine conscience : une meilleure perception de la réalité de la situation
Humilité : une meilleure perception de votre propre réalité

#ApprivoisezVotreMonstreDesConseils

La pleine conscience implique un sens et une compréhension plus approfondis de la réalité de la situation dans laquelle vous vous trouvez. L'humilité se situe aux antipodes de l'ADN de votre « monstre des conseils » : « Je suis meilleur que l'autre. » Il ne s'agit pas de prétendre que vous ne savez rien, ni d'être docile ou de vous dévaloriser au point de perdre toute crédibilité.

Cela signifie que vous avez les pieds sur terre – l'étymologie du terme « humble » est le mot latin pour désigner la terre –, ce qui vous permet de connaître vos forces et vos faiblesses, votre sagesse, mais aussi celle des autres. Être humble signifie que vous contrôlez moins et exercez une influence plus forte que vous ne le pensez, que vous êtes à la fois important et pas si important que cela. L'humilité implique que vous sachiez que votre voix n'est pas unique et qu'elle n'est peut-être pas la meilleure. Elle vous ouvre à un sens plus profond et à une compréhension plus fine de votre propre réalité.

Quels sont les éléments les plus utiles ou les plus pertinents pour vous dans ce chapitre ?

Notez ci-dessous une ou deux notions dont vous souhaitez vous souvenir.

....

....

....

....

....

....

Comment se rendre au Carnegie Hall[1] ?

À présent, vous visualisez les schémas, les récompenses et les sanctions. Vous comprenez pourquoi vous êtes prêt à dire non aux pseudo-gains actuels et à commencer à vous conduire davantage comme un manager-coach.

Cependant, acquérir les connaissances constitue la partie la plus simple. Le véritable défi consiste à s'engager à poursuivre la pratique à long terme.

Edmund Hillary et Tenzing Norgay[2] ne se sont pas contentés d'arriver au camp de base et de gravir l'Everest le jour suivant.

---

1. Si vous passez quelque temps autour de la 57e Rue et de la 7e Avenue à New York, on vous demandera forcément la direction pour Carnegie Hall : « Quel chemin pour Carnegie Hall ? » « Où se trouve Carnegie Hall ? » « Quelle est l'adresse de Carnegie Hall ? » On ne pose presque jamais la question « comment », car tout le monde sait comment on arrive à Carnegie Hall. La réponse est : « Rien de tel que la pratique » (*NdlT*).

2. Edmund Hillary, né le 20 juillet 1919 et mort le 11 janvier 2008 à Auckland, alpiniste, explorateur et philanthrope néo-zélandais, et le sherpa Tenzing Norgay, né en mai 1914 au Népal et mort en mai 1986 à Darjeeling en Inde, sont les premiers hommes à avoir escaladé le sommet de l'Everest, le 29 mai 1953, à 11 h 30 (*NdlT*).

Ils ont enchaîné les allers-retours, les ascensions et les descentes pendant sept semaines pour progresser, s'acclimater, prendre de nouvelles habitudes, se reposer de temps en temps afin de reprendre des forces, puis avancer jusqu'au camp suivant, et ainsi de suite. Si vous faites le calcul, plus de quarante phases ont été nécessaires entre leur premier jour en montagne et la conquête du sommet.

Le changement de comportement se déroule de cette manière. De nombreuses petites expériences, des avancées progressives et des reculs prudents permettent de gravir le sommet en faisant les choses différemment.

C'est ce qui vous attend. Entraînez-vous, obtenez un *feedback*, adaptez, répétez. C'est de cette façon que vous parviendrez à apprivoiser votre «monstre des conseils» et à développer votre habitude de coaching.

Dans la partie suivante, je vous propose des outils qui vous permettront de vous rapprocher de votre rôle de leader-coach, de rester curieux et de ne pas vous précipiter pour agir et donner des conseils. Je récapitule les outils présentés dans *10 minutes pour coacher ses collaborateurs* - ils ont déjà fait leurs preuves - et je vous livre quelques nouvelles tactiques. Vous trouverez également cinq brèves Masterclass consacrées à la pratique et qui vous permettront de peaufiner et de progresser régulièrement.

Obtenez
un *feedback*,
adaptez,
répétez.
Pratiquez,
obtenez
un *feedback*,
adaptez,
répétez.
Pratiquez,
obtenez
un *feedback*.

Partie 2

Faites preuve de curiosité

Le coaching, c'est simple

Votre rôle
consiste à
**faire preuve
de curiosité.**

Moins vaut plus

Le succès de *10 minutes pour coacher ses collaborateurs* réside en partie dans le fait qu'il a rendu le concept simple. Le coaching est passé du stade de mystérieuse « boîte noire » ou d'une sorte d'alchimie complexe à celui d'une pratique précise et efficace : 1 définition, 3 principes, 7 questions, 3 façons de les combiner et 8 manières de bien les formuler. Vous l'avez peut-être lu (et je vous remercie si c'est le cas, en particulier si vous avez publié un avis sur votre site de vente en ligne favori). Votre objectif principal est d'opérer un changement radical afin de mieux préparer votre futur, et ces outils vous permettront de développer une habitude de coaching. Voici un résumé extrêmement synthétique du livre.

En quoi consiste le coaching ?

Comme vous l'avez compris, pour vous rapprocher du statut de manager-coach, vous devez :

Faire preuve de curiosité.

Éviter de vous précipiter pour agir et donner des conseils.

Votre boîte à outils de coaching :

1 définition

3 principes

7 questions

3 combinaisons

8 manières de bien les formuler

Quelques points à prendre en compte

- Vous devez adopter ce comportement et le mettre en pratique afin de le transformer en habitude.
- Le coaching se focalise sur le processus et non sur les résultats. Bien entendu, ces derniers peuvent être excellents, mais nous préférons nous concentrer sur les aspects que nous pouvons contrôler, c'est-à-dire notre comportement.
- La définition du coaching à proprement parler ne prétend pas « qu'il ne faut jamais donner de conseils » ou « se limiter à poser des questions ». En effet, cette approche serait totalement irréalisable. Au contraire, elle sous-entend que le fait de donner des conseils a toute sa place pour vous, et que cette pratique correspond à une forme d'habitude. En revanche, vous devez développer un aspect qui l'est nettement moins : la curiosité.

Les 3 principes du coaching

Les 3 principes du coaching, qui constituent des comportements fondamentaux, s'inspirent de la définition suivante :

1. Être paresseux.
2. Être curieux.
3. Être présent.

POUR ALLER + LOIN

Selon des données scientifiques, un simple délai d'une demi-seconde peut entraîner une différence énorme, une demi-seconde ! Pour approfondir, n'hésitez pas à consulter les sources disponibles sur le site de Box of Crayons.

Quelques points à prendre en compte

- Être paresseux est bien sûr le principe le plus provocateur. Je suis presque certain que vous travaillez durement, tout comme les membres de votre entourage. Nul ne gravit les échelons en restant les bras croisés et en se tournant les pouces. Ce principe est un exemple typique de la manœuvre de diversion, car se comporter en manager-coach exige en réalité des efforts considérables. Je veux que vous ayez la flemme d'intervenir et de résoudre les problèmes des autres à leur place. De grâce, arrêtez !
- Être curieux est le principe fondamental. Il est impossible d'y échapper : vous ne pouvez pas agir en manager-coach si vous ne faites pas preuve de curiosité. Si je veux que vous vous impliquiez, je veux également que vous travailliez sans relâche pour rester curieux et gérer le processus de l'échange. C'est ainsi que vous apprivoiserez votre « monstre des conseils ».

- Être présent constitue, en filigrane, le principe le plus radical. Il remet en cause l'idée selon laquelle le coaching est une pratique ponctuelle, hiérarchique et formelle. Chaque interaction peut se rapprocher davantage du leadership fondé sur le coaching, car, après tout, il s'agit simplement de faire preuve de curiosité. Vous pouvez ainsi adopter un comportement plus proche de celui du leader-coach lors de vos réunions, au téléphone, par SMS, sur Slack[1]... et par tous les moyens de communication disponibles.

Les 7 questions essentielles

Pour respecter ces 3 principes, vous avez besoin de 7 questions seulement. Certes, il existe de nombreuses autres excellentes questions et une bonne partie d'entre elles se prêtent parfaitement à l'exercice du coaching. Alors, pour quelles raisons ai-je décidé d'en choisir seulement 7 pour *10 minutes pour coacher ses collaborateurs*? Eh bien, au début, je ne l'ai pas fait. L'une des premières versions de cet ouvrage comportait plus d'une centaine de questions que je trouvais excellentes.

1. Slack est une application de messagerie destinée aux entreprises qui connecte leurs collaborateurs aux informations dont ils ont besoin. Cette plateforme transforme la communication des organisations. Son objectif est de promouvoir le travail collaboratif, constituer une équipe unifiée et accroître la productivité des organisations (*NdlT*).

« Le remède
à l'ennui
est la curiosité.
La curiosité, elle,
est sans remède. »

Dorothy Parker[1]

1. Dorothy Parker, née le 22 août 1893 à Long Branch dans l'État du New Jersey, est décédée le 7 juin 1967 à New York. Également connue sous le diminutif Dottie, elle est poétesse, nouvelliste, critique littéraire, parolière, dramaturge, scénariste et dialoguiste. Elle est réputée pour son humour caustique, ses mots d'esprit et le regard acéré qu'elle porte sur la société urbaine du XXe siècle et la société patriarcale. Elle est surnommée « *The Wit* » (la vivace d'esprit, la fine d'esprit, la sagace) pour son agilité intellectuelle (*NdlT*).

Mais le livre aurait été trop fastidieux. Il incarnait la tyrannie du choix : en réalité, un nombre d'options excessif rend le choix et l'action plus complexes.

Ainsi, j'ai réduit péniblement la liste de plus de 100 à 21, à 12, à 5, puis de nouveau à 7. Sept m'a semblé être le nombre adapté pour un ensemble de questions clés que vous pouvez utiliser dans la plupart des situations. Il est possible d'accomplir bien des choses avec peu de moyens.

Il n'existe pas de scénario standard. Vous n'êtes pas obligé de poser les questions dans un ordre précis. Elles fonctionnent d'elles-mêmes, et dans n'importe quel ordre.

1. La question de lancement : « Qu'est-ce qui vous préoccupe ? » constitue une excellente manière, à la fois ouverte et ciblée, de commencer de nombreux échanges.
2. La question magique : « Et quoi d'autre ? » est la meilleure question de coaching au monde, car la première réponse n'est jamais la seule et rarement la meilleure.
3. La question ciblée : « Quel est le véritable défi pour vous ? » Nous consacrons tous trop de temps et d'efforts à résoudre le mauvais problème, car nous avons été séduits par l'idée que le premier défi identifié correspondait au véritable défi.
4. La question de fond : « Que voulez-vous exactement ? » C'est à ce stade que les actions motivées et éclairées commencent à produire leurs meilleurs résultats.
5. La question stratégique : « Si vous dites "oui" à ça, à quoi dites-vous "non" ? Cette stratégie implique des choix

courageux, et l'objectif de cette question est de clarifier les conséquences et les implications de la décision.

6. La question de la facilité : « Comment puis-je vous aider ? » est la question la plus percutante pour nous empêcher de « sauver » l'autre. Alternative : « Qu'attendez-vous de moi ? »
7. La question de l'apprentissage : « Qu'est-ce qui a été le plus utile ou le plus pertinent pour vous dans ce chapitre ? » Pour favoriser l'apprentissage, il ne suffit pas de dire les choses ; il faut que les gens les découvrent par eux-mêmes.

Éléments à prendre en compte

- Ces questions sont courtes et ne comportent aucune difficulté. Chacune d'entre elles vous prendra moins de cinq secondes à être posée. Cela ne signifie pas pour autant que la réponse est simple, au contraire.
- Vous ne connaîtrez pas la réponse avant de formuler l'une de ces questions. Il est facile de terminer en posant des questions destinées à confirmer une hypothèse ou à générer la réponse que nous pensons être la bonne. Toutes ces interrogations ouvrent la voie de l'inconnu.

3 combinaisons classiques

Chacune de ces 7 questions est excellente en soi. Mais, dans certains cas, les choses sont censées être associées : le pain et le beurre, les années 1970 et Hall & Oates[1], le pain et le fromage, Gin et Tonic, le pain avec du beurre et du fromage (je suis amateur de pain). Voici trois combinaisons de questions infaillibles.

La combinaison ciblée

« Quel est le véritable défi pour vous ? »

« Et quoi d'autre ? »

« Et quoi d'autre ? »

« Quel est le véritable défi pour vous ? »

En quatre questions, vous approfondissez le sujet pour mieux l'identifier. J'ai constaté que le fait de poser la dernière question en parlant plus lentement pour qu'elle semble plus sérieuse constitue une excellente tactique.

La combinaison en boucle

« Qu'est-ce qui vous préoccupe ? »

... le reste de la conversation... « Qu'est-ce qui a été le plus utile pour vous ? » Pour intégrer le comportement de manager-coach dans les pratiques quotidiennes de leadership, celui-ci doit être rapide et efficace. Il faut commencer avec force et finir de la même manière.

---

1. Hall & Oates ou Daryl Hall & John Oates, duo pop américain créé en 1972 par Daryl Hall et John Oates, a connu le succès vers la fin des années 1970 et durant la première moitié des années 1980. Hall & Oates chantent et utilisent des instruments au sein du groupe. Leur genre musical : *pop rock, blue-eyed soul, light rock, rhythm and blues (NdlT).*

La question
unique est
pertinente ;
la combinaison
de questions
est encore
meilleure.

Amorcez le processus avec la question de lancement afin d'entrer immédiatement dans le vif du sujet. Terminez par la question de l'apprentissage pour que les gens (et vous) tirent de la conversation la valeur et la pertinence qui leur manquent habituellement.

La combinaison « Et quoi d'autre ? »

Posez n'importe quelle question ouverte, par exemple « Que voulez-vous ? » et « Et quoi d'autre ? » Ne pensez pas que, sous prétexte que les gens ont donné une première réponse à votre question, votre travail est terminé. Le plus souvent, cette première réponse ne constitue que la face visible de l'iceberg ; le véritable enjeu reste à atteindre. Vous pouvez obtenir davantage de toute question en demandant « Et quoi d'autre ? » à titre de suivi immédiat.

Éléments à prendre en compte

- La combinaison de questions relève des habitudes de niveau supérieur. Lorsque vous passez de la simple question à la combinaison de questions, c'est comme si vous passiez du cheddar jeune au parmesan vieilli, d'un vélo à trois vitesses à un vélo de route Cervélo, de la classe économique à la classe affaires. Vous comprenez le principe : la question unique, c'est bien, la combinaison de questions, c'est encore mieux.
- La combinaison fait partie des moyens les plus efficaces pour maîtriser le principe de la facilité. Travailler à partir

d'une combinaison, c'est un peu comme avec un texte. En effet, si vous n'avez pas besoin de réfléchir à la prochaine chose que vous voulez dire, vous pouvez être vraiment présent et faire preuve d'une écoute active.

8 manières de bien poser une question

Connaître une question est une chose, la poser correctement en est une autre. Comme tout ce qui concerne le comportement à adopter pour se rapprocher du rôle de manager-coach, c'est à la fois simple (il n'y a pas grand-chose à faire) et difficile (il faut changer ses anciennes habitudes).

1. Posez une seule question à la fois. Il vous est probablement déjà arrivé de subir un interrogatoire en rafale : lorsque quelqu'un vous assaille de questions, sans vous laisser le temps de répondre. Choisissez plutôt une question et posez-la. Si elle fonctionne, passez à la suivante. Si elle ne fonctionne pas (parce qu'une question ne tombe pas toujours à pic), posez-en une autre.
2. Abrégez l'introduction et posez directement la question. Si vous pratiquez le saut à la perche, vous avez besoin d'une longue piste pour prendre l'élan nécessaire, lâcher votre perche et franchir la barre. Il y a fort à parier que vous ne soyez pas un perchiste. En effet, vous n'avez pas besoin d'une piste de contexte, de justification et de balivernes

pour vous montrer curieux. Il ne s'agit pas vraiment de vous. Faites gagner du temps à tout le monde et posez simplement la question.

3. Faut-il poser des questions rhétoriques ? Est-ce qu'un canard unipède nage en cercle ? Je n'en suis pas sûr non plus. Mais, dans tous les cas, ne posez pas de « fausses questions » dont la réponse est connue à l'avance, telles que « Avez-vous pensé à... ? » et « Avez-vous considéré... ? » Ce ne sont pas des questions, mais des conseils associés à une interrogation.
4. Tenez-vous-en aux questions qui commencent par « que ». Vous avez peut-être remarqué que la quasi-totalité des 7 questions commence par « que ». Ce n'est pas un hasard. Il faut éviter les questions de type « pourquoi » parce qu'elles suscitent généralement une réponse défensive, et les questions qui commencent par « comment », car ces dernières orientent trop rapidement la conversation vers la phase de l'action et du temps nécessaire à la résolution du problème. Les questions en « que » reposent sur la curiosité et semblent mieux fonctionner dans les situations quotidiennes qui ouvrent de nouvelles perspectives.

POUR ALLER + LOIN

Des infographies amusantes représentant ces principes sont téléchargeables sur le site TheAdviceTrap.com.

5. Soyez à l'aise avec les silences. Évitez le malaise causé par une maladresse ponctuelle qui pourrait permettre à votre interlocuteur de réfléchir à la question et d'y répondre. Posez la question, puis taisez-vous : il comblera presque toujours le silence à votre place.
6. Soyez vraiment à l'écoute des réponses. Je sais que vous maîtrisez la « fausse écoute » : hocher la tête avec enthousiasme et exprimer des petits signes d'encouragement tout en étant distrait par ce qui se passe dans votre tête. Soyez présent et accordez toute votre attention à votre interlocuteur. L'écoute est une qualité rare et un signe de générosité.
7. Valorisez les réponses de votre interlocuteur. Vous n'avez pas à prouver que vous avez obtenu votre « diplôme » de l'écoute active en répétant mot pour mot ce que votre interlocuteur vient de dire. La personne a besoin de savoir que vous êtes présent et impliqué dans la conversation, même si cela est bref et positif, du style : « Je comprends. » « Je vous entends. » « Cela semble beaucoup. » « J'ai l'impression que cela a été passionnant, stimulant ou difficile. » L'objectif est que votre interlocuteur ait le sentiment d'avoir été entendu, et non de montrer que vous savez écouter.
8. Utilisez tous les canaux possibles pour poser vos questions. Ne considérez pas que vous pouvez poser une question seulement lorsque vous êtes assis en face de quelqu'un. Tous

les outils de communication – e-mail, téléphone, SMS, Slack ou autre – peuvent véhiculer une bonne question. Chaque interaction avec chaque personne et chaque canal peut ressembler davantage à celle pratiquée par un manager-coach, et vous pouvez faire preuve de curiosité dans chaque mode de communication.

Éléments à prendre en considération

- Ces règles sur la manière de bien poser une question reflètent les trois principes clés du processus : être paresseux, être curieux, être présent.

LE COACHING EN RÉSUMÉ

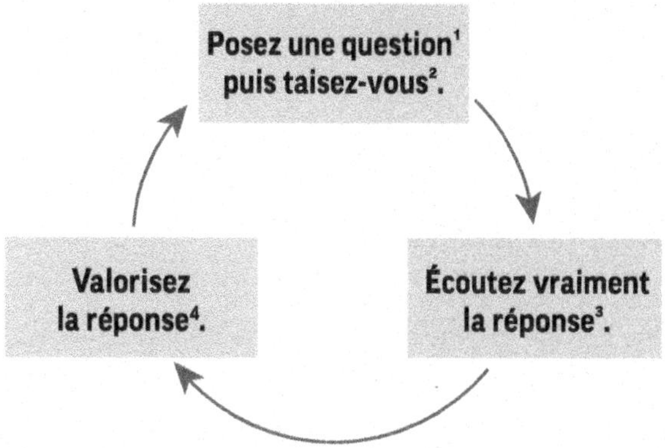

1. Pas une fausse question.
2. Arrêtez vraiment de parler.
3. Pas une fausse écoute.
4. Pas en donnant des conseils.

#ApprivoisezVotreMonstreDesConseils

- Si vous aimez la perspective de certaines ou de toutes ces idées, il ne suffit pas d'espérer qu'elles se concrétisent. Commencez par choisir celle qui, selon vous, sera la plus pertinente pour vous et intégrez-la systématiquement dans votre pratique quotidienne.

Faites les choses simplement en y mettant tout votre cœur et évitez les questions stupides

Quelle que soit la manière dont vous les posez, ces questions ont toutes le même objectif : vous aider à rester curieux. La plupart vous obligent à « faire moins plutôt que plus ». Vous devez faire preuve de discipline pour que les choses restent subtiles et simples : le coaching est une forme de retrait.

Qu'est-ce qui a été le plus utile ou le plus pertinent pour vous dans cette partie ?

Quels sont les éléments que vous souhaitez retenir du chapitre consacré à la simplicité du coaching ? Je vous encourage à noter une ou deux choses essentielles.

....

....

....

Comment mettre en pratique la Masterclass 1

Amorcez
votre **réussite.**

Le regard dans le vide

Regardez les Jeux olympiques et vous verrez des athlètes, les écouteurs vissés sur les oreilles, attendre le début de la compétition. Ce n'est pas parce qu'ils aiment la musique classique, agréable à écouter (même si c'est le cas), ou qu'ils essaient de couvrir les hurlements de la foule (même si c'est peut-être la véritable raison). Ils se servent de la musique pour se mettre en condition. À une période où ils étaient au meilleur de leur forme physique, ils ont sélectionné une playlist qu'ils ont écoutée en boucle. Aujourd'hui, telle une meute de chiens de Pavlov[1], chaque fois qu'ils entendent cette musique, leur corps retrouve cet état de performance initial.

1. Le chien de Pavlov est le nom d'une expérience réalisée par le physiologiste Ivan Petrovitch Pavlov (né le 14 septembre 1849 à Riazan et mort le 27 février 1936 à Leningrad) et qui a abouti à ce qu'on appelle le conditionnement classique ou le conditionnement pavlovien (*NdlT*).

Richard H. Thaler a reçu le prix Nobel d'économie en 2017 «pour ses contributions à l'économie comportementale». Dans *Nudge. Émotions, habitudes, comportements : comment inspirer les bonnes décisions*, son livre coécrit avec Cass R. Sunstein sur l'amélioration de «l'architecture des choix», il parle d'*amorçage* : la manière dont des indices plus ou moins subtils déclenchent des comportements différents pour obtenir de meilleurs résultats. Nous sommes tous réceptifs à l'amorçage dans une limite qui dépasse largement celle que vous pourriez imaginer. Par exemple, un vin aura un goût nettement différent si vous le dégustez en écoutant Vivaldi en fond sonore ou Wagner et sa tonalité tumultueuse*.

Vous pouvez vous appuyer sur cette idée et créer les meilleures conditions possible vous permettant d'adopter une approche similaire à celle du manager-coach. Voici deux méthodes :

Un mot-clé

Récemment, je suis allé au bowling *candelpin*[1] avec mes beaux-parents. Ce jeu ressemble au bowling traditionnel en plus difficile : des quilles plus fines et des balles plus petites et plus glissantes. Je n'arrêtais pas de lancer la balle dans la rigole,

---

1. Le bowling *candlepin* est une variante du bowling qui se pratique essentiellement dans les provinces maritimes canadiennes et la Nouvelle-Angleterre aux États-Unis. Il se joue avec une balle de la taille d'une main et des épingles hautes et étroites qui font penser à des bougies, d'où son nom (*NdlT*).

à ma grande frustration. Mais tout a changé quand, avant chaque tour, je me préparais. En murmurant « doucement, doucement, doucement » dans ma respiration, j'ai réussi à atténuer la pression de mon jeu, à augmenter ma précision et j'ai ainsi amélioré mon score.

Lorsque vous vous apprêtez à engager une conversation en tant que manager-coach, ou que vous vous retrouvez soudainement au milieu d'un échange, ou encore lorsque vous détectez un « monstre des conseils » qui commence à se manifester, vous devez rester curieux. À vous de choisir la phrase qui vous convient le mieux, bien sûr. *Alice au pays des merveilles* vous inspirera peut-être (« de plus en plus curieux »), ou s'il s'agit de repousser un conseil (« ralentissez, ralentissez, ralentissez »), ou encore d'une question que vous souhaitez poser (« et quoi d'autre ? Et quoi d'autre ? Et quoi d'autre ? »). Une méthode différente consiste à lancer une conversation en disant : « Je suis curieux... » et ô surprise, mon interlocuteur l'est aussi.

Heureusement, dans les deux cas, le goût du vin est toujours aussi extraordinaire. Pour en savoir plus, vous pouvez consulter le site de Box of Crayons Lab.

Suggestion de Winston

Dans mon livre, *10 minutes pour coacher ses collaborateurs*, je cite Winston Churchill : « Nous donnons forme aux constructions ; elles nous donnent forme ensuite[1]. » Un mot-clé est une illustration concrète de la manière dont vous influencez votre environnement pour modifier votre comportement, mais vous pouvez élargir votre réflexion. Comment pourriez-vous aménager votre environnement de façon à stimuler votre curiosité ? De nombreux lecteurs de *10 minutes pour coacher ses collaborateurs* m'ont rapporté avoir écrit les questions et les avoir collées sur leur écran d'ordinateur, ou apportées en réunion. J'ai personnalisé mon étui de téléphone avec le message « Et quoi d'autre ? » Réfléchissez aux principaux moments pendant lesquels vous vous comportez en manager-coach et adaptez-les afin d'aiguiser votre curiosité.

---

1. La citation complète de Churchill a été prononcée dans son discours du 28 octobre 1944 à propos de la destruction de la Chambre des communes à Londres dans la nuit du 10 mai 1941, lors d'un raid massif de la Luftwaffe. La question portait sur la manière de reconstruire le bâtiment. Winston Churchill, ayant occupé les lieux pendant plus de quarante ans au titre de ses fonctions d'homme politique, et bénéficié de leurs avantages, souhaitait voir la Chambre restaurée dans sa version d'origine (*NdlT*).

Identifiez le véritable défi

Votre rôle
consiste
à arrêter
de chercher
les solutions
et **à commencer**
à identifier les
véritables défis.

#ApprivoisezVotreMonstreDesConseils

Identifiez le véritable défi

Changez le jeu que vous êtes en train de jouer

Dans certains cas, ne pas jouer le jeu peut vous faire gagner. Le jeu auquel le « monstre des conseils » veut vous faire jouer consiste à avoir la meilleure réponse. Il vous murmure à l'oreille : « C'est ainsi que vous créez de la valeur, que vous sauvez le monde, que vous gardez le contrôle, que vous évitez la peur de l'échec et que vous démontrez vos qualités. Ayez toujours la réponse. »

Vous pouvez être reconnu comme la personne qui aide à formuler la question critique ou celle qui apporte des réponses hâtives afin de résoudre le mauvais problème. Laquelle préférez-vous exactement ?

Dorénavant, considérez que votre rôle consiste à permettre d'identifier le véritable défi. En fait, cela signifie que vous ne devez jamais relâcher votre vigilance : vous devez faire preuve de curiosité en permanence afin de donner à votre interlocuteur la possibilité de découvrir le véritable défi et de cerner le cœur du problème.

Les 6 cercles vicieux

Six cercles vicieux vous empêchent de découvrir le véritable défi. Il s'agit de schémas de conversations qui vous privent d'une vision claire de l'essentiel.

Les deux premiers – le « tourbillon » et le coaching du « fantôme » – sont des pièges dans lesquels la personne qui coache (vous) peut tomber. Les autres sont des modèles de comportements que vous observez chez le coaché et que vous cherchez à corriger.

Chaque cercle vicieux est différent, mais, heureusement, il est possible de les surmonter.

Tout d'abord, identifiez l'élément en question. Tant que vous ne l'avez pas fait, il vous sera difficile de savoir comment agir. Le cercle vicieux réside dans le comportement de l'autre personne qui va empêcher d'identifier le véritable défi, si vous et votre « monstre des conseils » décidez de collaborer avec cette personne. Ensuite, dites ce que vous observez. N'en faites pas tout une affaire. Dans votre intérêt et le sien, rendez le déroulement de la conversation simple et explicite. Ainsi, vous serez mieux armé pour comprendre les schémas qui se produisent.

Identifiez
le cercle
vicieux et **dites**
ce que vous
observez.

Posez
la question
ciblée.

Enfin, posez une question – et pas n'importe laquelle, mais la question ciblée – afin de supprimer le cercle vicieux.

La question ciblée constitue en quelque sorte une pièce maîtresse dans la résolution des cercles vicieux. Qu'il s'agisse de *jouer la sécurité*, de répondre à la *rafale de questions*, de la *vision d'ensemble*, des *raconteurs d'histoires*, ou de l'un des autres cercles vicieux, « Quel est le véritable défi pour vous ? » est la question à poser – même si, comme vous le constaterez, l'importance que vous accordez à chaque syllabe peut apporter des différences subtiles, mais significatives.

LES 6 CERCLES VICIEUX

1 **Le « tourbillon »**
Si vous virevoltez : la première chose qui se révèle représente rarement le véritable défi.

2 **Le coaching du « fantôme »**
Si vous coachez un fantôme : la lumière doit être dirigée vers la personne coachée.

3 **La facilité**
Si vous vous complaisez dans votre situation : soyez courageux et repoussez un peu les limites.

4 **La « rafale » de questions**

Si la personne a tendance à vous poser des questions en rafale : son rôle consiste à identifier le défi, et le vôtre à l'aider à comprendre ce défi.

5 **La vision d'ensemble**

Si la personne a une vision globale : passez du général au spécifique, de l'abstrait au personnel.

6 **Le raconteur d'histoires**

Si vous avez affaire à quelqu'un qui vous raconte des histoires : arrêtez cette folie ! Interrompez !

Cercle vicieux n° 1 : le « tourbillon »

L'apparence : vous posez la question « Qu'est-ce qui vous préoccupe ? » et la personne vous répond. C'est excitant ! Vous le notez et vous vous en servez. Vous êtes ravi de disposer d'un élément réel et tangible, et c'est agréable de pouvoir aider. Le seul problème est que la première chose qu'elle cite constitue rarement le véritable défi, et c'est un faux départ. Ce qui signifie que vous avez réagi trop tôt.

En d'autres termes, vous êtes en avance, trop en avance. C'est le « tourbillon ». (Si vous n'êtes pas sûr, dites-le à voix haute.)

Pourquoi une telle source de déconcentration : le défi est exactement là ! Oui, vraiment. Et votre interlocuteur l'a dit, cela doit donc être vrai ! De plus, il ne fait aucun doute que vous avez immédiatement des idées sur la manière de le surmonter, de le résoudre, de le balayer avec brio. Les trois personnages du « monstre des conseils » – celui qui a la réponse, le sauveur et celui qui garde le contrôle – vous incitent à avancer sur ce terrain.

Ce qu'il faut retenir : la première chose que la personne vous livre peut représenter plusieurs pistes : la meilleure supposition, le point de départ, la solution bancale, une première supposition convenable, le point que votre interlocuteur pense que vous estimez être le cœur du problème, le coup de poignard dans le dos, une formulation vague ou autre. Cependant, il s'agit rarement du véritable défi. En effet, dans la plupart des cas, il y a quelque chose de mieux, de plus consistant, de plus riche et de plus important à résoudre, à condition de se montrer curieux.

Comment lutter contre cet obstacle : sachez que, même si c'est le véritable défi, il n'y a rien à craindre à consacrer une ou deux minutes à le tester en situation de pression. La pire chose qui puisse arriver est que vous et l'autre personne soyez convaincus que vous vous concentrez sur les points essentiels.

Utilisez le duo focus – la question ciblée associée à la question « Et quoi d'autre ? » – pour reconnaître qu'il existe autre chose et approfondir. La question « Et quoi d'autre ? » correspond à « Dites ce que vous observez », car le fait même de la poser signifie : « Le premier défi n'est pas le seul défi. Allons le vérifier. »

Prenez l'habitude de coacher

Quand cela se produit… je demande : « À quoi pensez-vous ? Et la personne me répond qu'elle pense avoir identifié un défi.

Au lieu de… me lancer dans la résolution du problème, soit en faisant des suggestions, soit en l'amenant à trouver des solutions.

Je vais… faire preuve de curiosité, en recourant au duo focus et en demandant : « Et quoi d'autre ? [qui constitue le véritable défi pour vous] » plutôt que de me concentrer sur la question : « Quel est le véritable défi pour vous ? »

POUR ALLER + LOIN

J'utilise le «kit de la nouvelle habitude» pour développer une pratique quotidienne permettant de maîtriser cet obstacle. Vous trouverez ce concept dans le premier chapitre de *10 minutes pour coacher ses collaborateurs* (téléchargeable gratuitement sur le site thecoachinghabit.com).

Cercle vicieux n° 2 : le coaching du « fantôme »

L'apparence : vous avez probablement déjà vécu cette expérience. Votre coaché commence à parler de *cette* personne, une personne folle, agaçante, frustrante, déroutante. Vous dites quelque chose comme : « Elle a l'air folle/ennuyeuse/frustrante/déroutante ! Pouvez-vous m'en dire plus ? » La personne que vous coachez répond. Puis vous posez la meilleure question de coaching du monde – « Et quoi d'autre ? » – pour qu'elle vous en dise encore *plus* sur cette personne. Bientôt, vous aurez consacré cinq, dix, quarante minutes à cette autre personne.

Vous coachez un fantôme. L'histoire de cette autre personne ou situation est une diversion, une illusion. Il n'y a rien de réel *là-dedans*. Lorsque vous coachez, les projecteurs doivent se diriger vers cette personne. Ne la laissez pas vous berner avec une fausse piste, faites-la faire parler d'autre chose que d'elle. Ne la laissez pas se dérober.

Pourquoi une telle source de déconcentration : lorsque vous coachez un fantôme, vous faites soudainement partie du drame, au lieu d'aider la personne à s'en libérer. C'est comme un magicien qui s'entraîne à détourner l'attention. Plutôt que de vous faire pointer les projecteurs sur le véritable défi (qui le concerne), ce fantôme vous oblige à vous concentrer sur un point qui semble important, mais qui en réalité n'est qu'une simple diversion. Même si vous utilisez plusieurs de vos meilleures tactiques et compétences dans le domaine du coaching – l'empathie, la curiosité et l'écoute active –, votre attention se porte néanmoins sur le mauvais sujet. En fait, vous contribuez au dysfonctionnement.

Ce qu'il faut retenir : vous coachez la personne à qui vous parlez. Vous devez recentrer la conversation sur elle. Quel que soit le drame vécu – et il y a toujours un drame –, vous devez identifier l'impact produit sur elle.

Comment lutter contre cet obstacle : votre rôle consiste à déplacer l'attention de la conversation des « autres » vers la personne avec laquelle vous interagissez.

Tout d'abord, remarquez quel personnage du « monstre des conseils » vous a attiré dans cette situation. Il s'agit souvent du sauveur : ensemble, vous allez trouver un moyen de vaincre cette autre personne ou de résoudre ce problème inextricable !

Ensuite, comprenez ce qui se passe avec les autres. Le fait que vous détourniez l'attention sur la personne concernée ne signifie pas que vous n'éprouvez pas de sympathie pour elle et cette situation. Vous n'êtes pas obligé de reproduire tous les détails que vous venez d'entendre. En fait, c'est souvent ennuyeux. Vous pouvez vous contenter de dire : « Cela semble difficile, délicat/frustrant/révoltant/ [ajoutez le mot de votre choix]. » Enfin, dites ce que vous observez et ce que vous faites : vous recentrez l'attention sur elle. « Mais le fait que ce soit difficile *pour vous* m'intéresse. »

POUR ALLER + LOIN

Le « fantôme » peut aussi être une situation. C'est exactement le même schéma, mais maintenant, il ne s'agit plus d'une personne.

Pas de surprise, posez la question ciblée : « Quel est le véritable défi *pour vous* ? » Le fait de donner de l'importance à ces deux derniers mots constitue l'un des moyens les plus efficaces pour chasser le fantôme.

Prenez l'habitude de coacher

Quand cela se produit... Je me retrouve à coacher des fantômes et le cœur de la conversation porte sur une autre personne ou une situation délicate.

Au lieu de... laisser la conversation se dérouler et consacrer un temps privilégié à recueillir des informations non pertinentes.

Je vais... arrêter de coacher les fantômes en verbalisant les faits – « C'est une situation délicate, certes, et je comprends leur frustration. Mais cette conversation porte sur vous, pas sur les autres. » –, posez ensuite la question ciblée : « Quel est le véritable défi *pour vous* dans votre relation avec cette personne ou cette situation ? »

Cercle vicieux n° 3 : jouer la sécurité

L'apparence : il ne s'agit pas d'une mauvaise conversation. Pour un observateur non averti, elle peut même sembler une bonne conversation de coaching. Mais, au fond de vous-même, vous avez l'impression que vous êtes tous les deux passés à côté de l'essentiel. Vous avez le sentiment désagréable de devoir vous concentrer sur une question de fond, et vous pouvez raisonnablement penser que cela va être embarrassant, épineux et hors de portée plutôt que rapide, précis et simple... Peut-être êtes-vous sur la bonne voie, mais vous n'avez pas encore atteint le véritable défi. Il est plus probable que vous soyez en train de parler d'un autre sujet qui semble représenter un réel défi, mais qui ne l'est pas vraiment. Ou alors, ce n'est pas le point le plus important à traiter.

Au lieu de faire pression, vous êtes complice. Vous jouez la sécurité et vous vous dites : « C'est bien comme ça. »

Pourquoi une telle source de déconcentration : à l'instar de la vision d'ensemble, la sécurité est un moyen confortable d'éviter une conversation qui serait plus stimulante et plus utile.

« Recevoir un conseil, c'est comme percevoir une importante somme d'argent en monnaie étrangère : qu'en faire ? »

Rhik Samadder[1]

1. Rhik Samadder, né le 25 décembre 1980 au Royaume-Uni, est acteur, journaliste, écrivain et animateur (*NdlT*).

Chaque partie est consciente que vous ne traitez pas le véritable sujet.

La personne qui contrôle la situation cherche à maintenir la prudence dans cette conversation. En ne mettant pas votre interlocuteur au défi, vous ne vous mettez pas au défi vous-même.

Ce qu'il faut retenir : ces problèmes se résolvent rarement. Lorsque vous transigez avec quelqu'un, vous vous complaisez dans la frilosité. Le courage ne consiste pas à sauver la conversation et à la rendre facile ou sécurisante. Vous devez passer outre et la conduire vers le véritable défi. Lorsque vous déplacez votre regard pour appréhender la difficulté et que celle-ci devient évidente, il est souvent plus facile de la gérer et elle est moins effrayante que vous ne le pensiez.

Nul n'est infaillible. Aussi judicieuses que soient vos intuitions, et malgré votre cheminement prudent jusqu'à présent, vous pouvez néanmoins vous tromper. Alors, allez-y, mais en douceur.

Comment lutter contre ce cercle vicieux : vous remarquez que la conversation est plutôt molle. Vous avez l'impression que les deux parties se contentent de faire semblant plutôt que d'approfondir un point essentiel.

Gardez à l'esprit que vous ne pouvez pas être certain que votre interlocuteur ne travaille pas sur le véritable défi. Il ne s'agit que d'une hypothèse. Outre votre expérience et votre intuition, vous associez le courage et la timidité. Le courage, car vous êtes prêt à mettre en lumière un phénomène qui pourrait vouloir rester dans l'ombre. La timidité, parce que si vous vous obstinez à penser que vous avez raison, alors que ce n'est pas le cas, vous mettez la relation en danger.

Engagez-vous à faire preuve de courage. Vous pouvez vouloir changer de posture pour être en position de « courage » plutôt qu'en position de « fuite ». Dans mon cas, cette méthode consiste généralement à m'asseoir légèrement en hauteur, à reprendre ma respiration et à abaisser les épaules.

Dites ce que vous observez, sachant que c'est un peu plus compliqué que pour les autres obstacles rencontrés jusqu'à présent. « Je me trompe peut-être complètement, mais j'ai l'impression que nous ne sommes pas encore dans le vif du sujet. C'est seulement mon ressenti ou vous le ressentez également ? »

Si votre interlocuteur reconnaît que ce sujet ne suscite pas de tension, l'intensité et l'énergie qu'il pourrait générer, vous pouvez poser la question ciblée. Insistez sur le mot « est ». « Alors, quel est le véritable défi pour vous ? »

Dans le cas contraire, il faut absolument en parler et, pour ce faire, vous avez deux options : soit vous êtes d'accord et vous continuez, soit vous testez votre hypothèse. « Vous avez peut-être raison, mais laissez-moi essayer quelque chose avec vous. Et, encore une fois, il se peut que je me trompe de sujet. Mais est-ce que le sujet auquel vous pensez pourrait être celui auquel nous devrions nous intéresser ? »

Il se peut que la personne refuse à nouveau, auquel cas vous devrez probablement arrêter de la solliciter. Mais, en abordant l'autre sujet, vous lui donnez peut-être la possibilité de parler de quelque chose qu'elle n'aurait pas pu évoquer autrement.

Prenez l'habitude de coacher

À ce moment-là... je remarque que nous nous accommodons de la situation et que nous évitons le véritable sujet.

Quand cela se produit... collaborer avec la personne et laisser la conversation se poursuivre sur un point moins important.

Je vais... vérifier avec la personne, de manière prudente, en parlant de ce qui se passe – « Je fais peut-être fausse route... » –, puis poursuivez avec cette variante de la question ciblée : « ... Mais est-ce bien là le véritable défi pour vous ? »

Si votre interlocuteur ne prend toujours pas cette direction, je considère qu'il devrait le faire, je proposerai, de manière expérimentale, ce que je pense être le sujet. « Je ne suis pas certain, mais je suis curieux de savoir si quelque chose dans le contexte [ce que je pense être la question] pourrait être intéressant à analyser. Est-ce que, dans le cas précis, quelque chose pourrait constituer le véritable défi pour vous ? »

Bla

Bla-**bla**

Bla-**bla**

Bla-bla

Bla-bla

Bla-**bla-bla**

Cercle vicieux n° 4 : la « rafale » de questions

L'apparence : une multitude de défis apparaissent dans une seule conversation. Lorsque vous demandez : « Qu'est-ce qui vous préoccupe ? », un premier, puis un deuxième, puis une myriade de problèmes émerge.

Bla

Bla

Bla-bla

Bla-bla-bla-bla-bla-bla-bla-bla-bla-bla-bla-bla-bla-bla

Pourquoi une telle source de déconcentration : vous vous rendez compte que la conversation devient rapidement hors de contrôle. Vous avez posé une question simple et les vannes se sont ouvertes. Avec trois, sept, quinze problèmes à résoudre, par lequel commencer ? Comment déjouer cet obstacle ? Les sauveurs et les maîtres du contrôle s'en donnent à cœur joie.

Ce qu'il faut retenir : vous ne pouvez résoudre qu'un seul problème à la fois, et la première chose à faire est de déterminer le défi le plus important. Par « vous », j'entends « eux ». Aussi tentant que cela puisse paraître de proposer une multitude de solutions et d'idées, l'essentiel est d'aider les autres à identifier le bon problème, et non de leur apporter des solutions aux mauvais problèmes ou à des problèmes secondaires.

Comment lutter contre cet obstacle : vous remarquez que votre « monstre des conseils » veut que vous repreniez le contrôle de la conversation. Faites-lui un bref signe d'acquiescement, mais ne le laissez pas s'échapper de sa cage.

N'oubliez pas que c'est à eux, et non à vous, d'identifier le véritable défi. Votre rôle consiste à les aider à progresser dans ce domaine pour qu'ils deviennent plus astucieux, plus confiants et plus autonomes. C'est une bonne chose pour eux et pour vous.

Il est toujours utile (pour les deux parties) de dire ce que vous observez en faisant remarquer à voix haute : « Les défis à identifier ne manquent pas ! »

Résistez ensuite à l'envie de choisir par où commencer : demandez à votre interlocuteur de le faire. Si besoin, adoptez cette variante de la question ciblée : « Parmi tous ces éléments, *lequel* représente le véritable défi pour vous ? » Insistez sur *lequel* : vous lui demandez de faire un choix.

Vous pouvez tester des variantes, plus rapides et plus simples, comme : « Par quoi devrions-nous commencer ? » « Si nous pouvions nous concentrer sur *un* seul défi, lequel aurait l'impact le plus fort ? » « Lequel, si nous le résolvons, pourrait éliminer certains de ces autres défis ? »

Prenez l'habitude de coacher

Quand cela se produit… il se lance à corps perdu dans la course aux défis.

Au lieu de… choisir le défi que je considère comme le plus rapide/simple ou le plus pertinent à résoudre.

Je vais... l'amener à faire le choix en exprimant à voix haute la situation – « Nous ne pouvons résoudre qu'*un* seul problème à la fois. » – en lui demandant ensuite : « Lequel vous semble correspondre au véritable défi ? »

Cercle vicieux n° 5 : la vision globale

L'apparence : vous participez à une conversation intéressante. On y parle de problèmes et de tendances. C'est un sujet qui vous concerne probablement, du moins en partie. Mais, même si la conversation n'est pas dénuée d'intérêt, la personne n'en fait pas une affaire personnelle : pas de « je » ou de « moi » dans ses propos. Lorsque vous ne dépassez pas les généralités, les vues d'ensemble et les conversations sur « on », « eux » et « nous », et que votre interlocuteur ne joue pas le jeu, cela signifie que vous avez une vision globale de la situation.

Pourquoi une telle source de déconcentration : cette position est confortable pour les deux parties. Vous procédez par gestes, vous échangez des informations, mais aucune nouvelle idée, aucun défi ne se dessine. C'est plutôt agréable, sans être superflu et, surtout, sans risque. L'adepte du contrôle aime ça : rien ne change.

Ce qu'il faut retenir : il y a un moment et un lieu pour faire la synthèse de la situation, et une conversation de coaching ne s'y prête généralement pas. La vision, l'engagement et l'action interviennent lorsque vous impliquez l'autre personne au-delà de cette synthèse.

Comment lutter contre cet obstacle : sachez que votre rôle consiste à faire passer la conversation des généralités aux particularités, et des considérations abstraites aux considérations personnelles.

Il est utile de commencer à dire ce que vous constatez et à expliquer ce qui se passe. Je peux introduire par une variante comme : « C'est important, mais toujours de niveau plutôt élevé. »

Posez la question ciblée en insistant cette fois sur les deux derniers mots : « Quel est le véritable défi *pour vous* ? »

Restez attentif aux messages du type « nous », « on » et « eux ». Quand ils apparaissent, faites-leur remarquer : « Je vous entends parler de “nous”, “on” et “eux”. Et je voudrais en savoir plus sur vous. Quel est le véritable défi *pour vous* ? »

Prenez l'habitude de coacher

Quand cela se produit... ils ont une vision d'ensemble en restant à un niveau élevé, en utilisant « nous », « on » et « eux », et en évitant d'établir un lien avec un défi personnel.

Au lieu de... maintenir la conversation dans un cadre sécurisant et général.

Je vais... interrompre la vision globale en montrant ce qui se passe – « Aussi intéressant que ce soit, parlons-en de manière personnelle » –, puis posez la question ciblée : « Quel est le véritable défi *pour vous* ? »

Cercle vicieux n° 6 : le raconteur d'histoires

L'apparence : imaginez ce que pouvait représenter la chance d'écouter le célèbre poète Homère raconter *L'Odyssée* : son long voyage de retour auprès de son épouse Pénélope, sur une mer obscure et agitée, déjouant les pièges de Circé, résistant au chant des sirènes, affrontant Scylla et Charybde[1], les cyclopes[2] et bien d'autres choses encore. Quelle *fabuleuse* épopée !

Personne n'a le temps pour ça aujourd'hui. Mais la personne qui vous parle veut vous raconter une histoire. Et quelle histoire ! Un flux ininterrompu de paroles et d'informations. Vous lui avez peut-être demandé : « Qu'est-ce qui vous préoccupe ? », mais vous ne souhaitiez pas qu'elle vous raconte *tout*. Le niveau de détail est impressionnant et le contexte remarquable. On vous raconte des histoires.

D'une certaine manière, vous semblez l'encourager ! Le manager-coach est censé écouter et encourager son interlocuteur, n'est-ce pas ? Vous acquiescez, l'air intéressé et légèrement préoccupé, mais attentif. Parfois, vous l'incitez à

1. Dans la mythologie grecque, Charybde et Scylla sont deux monstres marins, situés de part et d'autre du détroit de Messine, en mer Méditerranée. Cette légende est à l'origine de l'expression « tomber de Charybde en Scylla », qui signifie « aller de mal en pis » (*NdlT*).

2. Dans la mythologie grecque, le cyclope désigne une espèce de créature fantastique. Ce monstre géant n'a qu'un œil au milieu du front (*NdlT*).

parler en disant : « Mmm-hmmm », ou : « Pouvez-vous m'en dire plus ? », ou même : « Et quoi d'autre ? » La personne parle beaucoup, vous écoutez de manière active, mais, au fond de vous-même, vous criez en silence : « Quand est-ce que ça va se terminer ? Quand est-ce qu'on va en venir au fait ?! Quand est-ce que ça va finir ? Quand est-ce qu'on va arriver au but ?! »

Pourquoi une telle source de déconcentration : lorsque quelqu'un se lance dans une histoire détaillée, nous sommes séduits à plusieurs niveaux. Tout d'abord, nous aimons les bonnes histoires. Une touche de perspicacité et de ragots, c'est excitant ! Ensuite, nous avons l'impression d'être le coach approprié pour cette personne. Nous accordons de l'espace et du temps, nous faisons preuve d'une véritable écoute active, nous cochons toutes les cases et nous n'avons même pas besoin de nous engager à fond. Enfin, et c'est le plus insidieux, ce processus nourrit le personnage du « monstre des conseils » qui doit « avoir la réponse ». En effet, plus nous recueillons de détails, plus nous pensons connaître la réponse. Ainsi, nous écoutons autant pour alimenter ce monstre que pour être utile à notre interlocuteur.

Ce qu'il faut retenir : vous pouvez coacher quelqu'un de manière efficace en connaissant peu ou pas du tout les tenants et les aboutissants d'une situation. En fait, l'ignorance du sujet représente parfois un avantage, puisque vous savez que vous ne pouvez pas proposer une solution adaptée. La plupart du temps, la personne coachée n'a pas besoin non plus d'une histoire parce qu'elle la connaît déjà. Elle vous en parle, car vous semblez vous y intéresser, et elle fait de son mieux pour participer à la conversation. Et ainsi de suite, sans jamais entrer dans le vif du sujet : quel est le véritable défi ?

FINALEMENT, PERSONNE N'EST INTÉRESSÉ

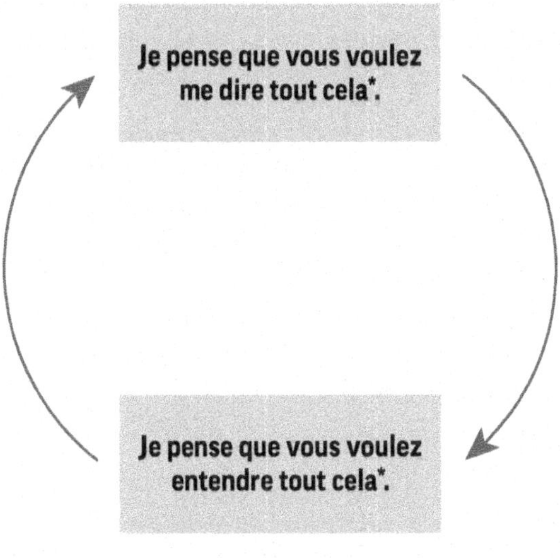

* Ce n'est pas le cas.

#ApprivoisezVotreMonstreDesConseils

Comment lutter contre cet obstacle : commençons par la reconnaissance désormais habituelle du fait que, derrière cet obstacle, se cache un « monstre des conseils ». Pour la plupart des gens, il s'agit de « dire » : tu me racontes tout en détail pour que je puisse te donner les conseils les plus pertinents. Dans ce cas, vous devez arrêter cette folie ! Si vous n'intervenez pas, vous risquez d'être confronté à un monologue sans fin. La meilleure manière d'interrompre la personne ? Dites-lui que vous l'interrompez. « Je vais juste vous arrêter un moment. » « Je vais vous interrompre. » Si vous êtes dans la salle avec elle ou en vidéo-chat, vous pouvez lever la main pour la prévenir de l'interruption.

Une fois que la personne s'est arrêtée, dites ce que vous observez : « Je peux comprendre que beaucoup de choses se produisent. Pour gagner du temps, je vais insister sur le sujet. » Ensuite, utilisez la question ciblée pour découvrir ce qui se passe vraiment : « Pour aller droit au but, quel est le véritable défi pour vous ? »

Si la personne revient à l'histoire, vous pouvez répéter cette question en insistant peut-être davantage sur ce point : « Je n'ai pas besoin de tous les détails à ce stade. En revanche, ce qui m'intéresse le plus, c'est de savoir quel est le véritable défi pour vous. »

POUR ALLER + LOIN

Vous pouvez télécharger une liste de phrases d'interruption sur le site TheAdviceTrap.com.

Prenez l'habitude de coacher

Quand cela se produit… la personne coachée vous raconte des histoires sans fin et probablement sans intérêt.

Au lieu de… continuer à faire comme si j'étais intéressé en espérant que quelque chose se résoudra rapidement.

Je vais… intervenir : « Permettez-moi de vous interrompre un instant » et de parler de ce qui nous préoccupe : « Entrons dans le vif du sujet » avant de demander : « Quel est le véritable défi pour vous ? »

Questions à propos des cercles vicieux

Au cours de mes formations sur les obstacles comportementaux auprès de managers et de dirigeants du monde entier, j'ai constaté que quatre questions reviennent systématiquement, que ce soit à Saskatoon, Sydney, Seattle ou Londres.

Comment savoir si vous avez identifié le véritable défi ?

Avez-vous déjà regardé Simone Biles[1] atterrir sur son cheval d'arçons ? La puissance concentrée se personnifie, l'athlète

1. Simone Biles est une gymnaste artistique américaine née le 14 mars 1997 à Columbus : quadruple championne olympique, quintuple championne du monde au concours général, quintuple championne du monde au sol, triple championne du monde à la poutre et double championne du monde du saut de cheval (*NdlT*).

prend son élan, saute, effectue une rotation, puis se réceptionne. Ce sentiment d'arrivée – boum ! nous y sommes – est un peu similaire à celui ressenti lorsque vous découvrez le véritable défi, mais « sans le justaucorps ». Il y a un moment où les deux parties ont le sentiment d'avoir réussi.

Mais il vaut mieux en être certain. Rappelez-vous que vous essayez d'être paresseux, alors ne vous contentez pas de faire des suppositions et de poursuivre. Vérifiez les affirmations de votre interlocuteur. Vous pouvez recourir à une variante de notre bonne vieille méthode, la question ciblée : « J'ai l'impression que ça pourrait être ça, mais laissez-moi vérifier : est-ce le véritable défi pour vous ? »

Si votre interlocuteur répond oui, c'est formidable. Vous l'avez trouvé. Sinon, c'est parfait. Vous pouvez lui demander : « Alors, quel est le véritable défi pour vous ? » et poursuivre la conversation.

Que se passe-t-il quand vous identifiez le véritable défi ?

La découverte du véritable défi peut susciter l'anxiété. Vous avez retiré les différentes couches... et il est là. C'est comme Indiana Jones qui trouve enfin le trésor : un moment d'émerveillement, puis l'aventure continue.

Deux choses arrivent souvent. La première, et c'est formidable lorsqu'elle se produit, tient au fait que, pratiquement dès qu'ils perçoivent le véritable défi, les gens savent ce qu'ils doivent faire. Vous pouvez lire la lucidité sur leur visage, suivie, une nanoseconde plus tard, d'un langage corporel qui demande : « Quand pourrai-je sortir de cette conversation pour vraiment commencer à avancer ? » Vous pouvez lâcher votre micro : ils sont prêts pour la course !

La seconde est qu'ils ont identifié le véritable défi, mais qu'ils ne savent pas immédiatement ce qu'ils veulent en faire. Dans ce cas, vous devez résister à la tentation de vous précipiter et de commencer à émettre des idées avec eux. Même si cela semble la chose la plus évidente à faire, ne la faites pas. En revanche, résumez la situation – « Il semble que nous ayons identifié le vrai défi » – avant de poser la question de fond : « Maintenant, comment puis-je vous aider ? Qu'attendez-vous de moi ? » Ils vous diront ce dont ils ont besoin : les aider à trouver l'idée, les laisser affiner leurs propres idées, ou autres.

Que se passe-t-il si vous n'identifiez pas le véritable défi ?

Cela arrive, et il ne faut pas s'en inquiéter. Chassez ce « monstre des conseils » qui prétend que vous devez toujours être dans le vrai, du premier coup ! Si vous réfléchissez à ce que vous pensez être le vrai défi et que, au fil de la conversation, vous soupçonnez qu'en réalité ce n'est finalement pas le vrai défi, vous pouvez simplement reprendre le chemin de la curiosité à propos de la question centrale. Ce mécanisme consiste à installer la confusion. Dites ce que vous observez – « Laissez-moi vérifier quelque chose, car je pense maintenant que nous n'avons peut-être pas identifié le vrai défi » – et demandez-leur s'ils sont d'accord. Si oui, reprenez votre mission : « Alors, si c'est le cas, quel pourrait être le véritable défi pour vous ? »

Combien de fois je me pose la question : « Et quoi d'autre ? »

Une source fréquente d'anxiété est la suivante : « J'ai posé la question "Et quoi d'autre ?" trop souvent. » Cette inquiétude peut se manifester lors de la pratique du duo focus ou lorsque vous demandez : « Et quoi d'autre ? » dans toutes les conversations.

Tout d'abord, la principale difficulté à laquelle nous sommes confrontés est le manque de curiosité, et non pas le contraire. Si vous péchez par excès de questions comme « Et quoi d'autre ? », ce n'est pas un problème. Le pire serait que votre interlocuteur pense : « Il n'y a rien d'autre ! » Ce n'est pas un échec, c'est simplement la fin de cette ligne de questionnement. Posez une autre question.

Je constate que ma méthode la plus courante consiste à demander deux fois « Et quoi d'autre ? », puis à enchaîner avec une variante : « Y a-t-il autre chose ? » Cette dernière question offre la possibilité de fermer la porte à cette ligne de réflexion, mais la laisse également ouverte pour explorer d'éventuelles autres pistes.

Et quoi
d'autre ?
Et quoi
d'autre ?
**Y a-t-il autre
chose ?**

À présent, vous jouez un jeu différent

Les stratégies proposées pour contrer les 6 cercles vicieux constituent un moyen pragmatique pour consolider le changement difficile que vous mettez en œuvre. Vous devenez une personne différente : votre futur ne définit plus votre « valeur ajoutée » comme le fait de systématiquement avoir la solution. Désormais, vous savez que la manière la plus efficace d'apporter de la valeur est d'aider les gens à découvrir le véritable défi auquel ils devraient s'attaquer. Mais tout ne dépend pas de vous. Vous êtes à l'écoute et vous posez des questions, mais vous avez également besoin que les *autres* se montrent sous leur meilleur jour dans la conversation. Ce n'est pas aussi facile que cela en a l'air : notre cerveau a tendance à chercher la solution la plus simple. Heureusement, nous pouvons nous appuyer sur les neurosciences pour susciter l'engagement afin d'éviter la fuite de l'interlocuteur et de donner un caractère irréfutable à la conversation. En effet, c'est l'engagement qui permet à l'individu de s'épanouir.

Qu'est-ce qui a été le plus utile ou le plus pertinent pour vous dans ce chapitre sur les cercles vicieux ?

La liste est longue, et il est peu probable que vous vous souveniez de tout. Alors, de quoi voulez-vous vous souvenir en priorité ? Prenez un moment pour noter un ou deux points clés.

....

....

....

....

Comment mettre en pratique la Masterclass 2

Répétez,
répétez
encore,
répétez
encore
et encore.

Plus précis, plus rapide, plus net

Joshua Waitzkin, jeune prodige des échecs, a inspiré le film *À la recherche de Bobby Fischer* et a été champion des États-Unis dans sa tranche d'âge à plusieurs reprises. Je n'aime pas les échecs, donc cela ne m'intéresse pas. En revanche, ce qui m'intrigue, c'est qu'il est passé des échecs aux arts martiaux, où il a été sacré champion du monde dans un domaine complètement différent, le taï-chi-chuan. La conclusion est que l'auteur s'intéresse au *metagame*[1], au processus de la maîtrise, et qu'il traite de ce sujet dans son livre *The Art of Learning*.

Dans cet ouvrage, il propose de créer des cercles plus petits comme moyen d'affiner certains principes fondamentaux. Dans

1. *Metagame* en anglais ou « métagame » en français, parfois traduit par « méta-jeu » ou « le jeu dans le jeu », est une approche de jeu qui transcende ou opère des règles prescrites qui résultent de l'unique expérience des joueurs, qui se manifeste malgré les prévisions des développeurs (*NdlT*).

les arts martiaux, Waitzkin explique que cela peut se traduire par le déplacement du poids grâce au relâchement des articulations de la hanche ou par une relaxation de plus en plus profonde. Il s'agit de se concentrer sur les éléments de base, puis de les répéter et de les affiner, de manière à commencer à *ressentir* la présence et l'équilibre parfait. Le perfectionnement consiste à former des cercles plus petits : vous condensez la puissance de la technique en vous rapprochant de plus en plus de sa substance. Le fait d'adopter un comportement plus proche de celui du manager-coach ne vous obligera pas à pratiquer cette technique qui vise « à faire exploser littéralement le cœur grâce à une série de coups puissants donnés du bout des doigts sur cinq points de pression différents du corps de la victime », ou du moins cela ne devrait pas être le cas. Mais il est essentiel de garder deux choses à l'esprit lorsque vous pensez à dessiner des cercles plus petits.

1. Choisir le « bon truc » : j'ai parlé du concept de la pratique profonde de Daniel Coyle dans *10 minutes pour coacher ses collaborateurs*. Ce concept est fondé sur la même idée que celle de Waitzkin[1] : décomposer un élément clé en plusieurs parties et pratiquer chacune d'elles avec attention. Selon Coyle, pour améliorer son service au tennis, il ne faut pas s'entraîner à

1. Josh Waitzkin, né le 4 décembre 1976 à New York, est un joueur d'échecs. Champion en arts martiaux, il est l'auteur de plusieurs ouvrages sur les échecs. Enfant, il est reconnu comme jeune prodige des échecs. En 1993 et en 1994, il remporte le championnat junior des États-Unis et, en 1993, le titre de maître international (*NdlT*).

servir. Au contraire, il faut s'entraîner de manière séparée au rebond, au lancer et à l'accompagnement de la balle. Travaillez chacun de ces éléments. Accélérez ou ralentissez-les, testez des variations. Peaufinez l'action. Réduisez le cercle. Cette idée implique de choisir *la* chose essentielle que vous voulez mettre en pratique. L'ambition rend ce choix difficile : l'individu veut devenir meilleur dans tous les domaines et ce, immédiatement. Choisissez plutôt un seul aspect. Il peut s'agir de la manière dont vous demandez « Et quoi d'autre ? », ou de celle dont vous remarquez l'impact de l'accentuation de certains mots dans la question « Quel est le véritable défi pour vous ? » ou autre chose. Choisissez cet aspect et l'élément sur lequel vous souhaitez agir et commencez à y travailler.

2. Ce n'est pas une question de temps : vous connaissez probablement la règle des « dix mille heures pour maîtriser une discipline », vulgarisée par Malcolm Gladwell[1]. De même, vous avez peut-être entendu parler des rumeurs sur le temps nécessaire au développement d'une habitude. Vingt et un jours ? Soixante-six jours ? Plus longtemps encore ? La question « Combien de temps... ? » se prête à des réponses rapides et percutantes qui sont ensuite débattues, réfutées, voire rejetées. En réalité, la question « Combien de temps... ? » n'est pas la bonne question à poser.

1. Dans son livre, *Tous winners*, l'auteur Malcolm Gladwell explique qu'il faut dix mille heures de pratique pour devenir un expert de classe mondiale et ce, dans n'importe quel domaine (*NdlT*).

« **Ce que vous faites chaque jour compte plus** que ce que vous faites de temps en temps. »

Gretchen Rubin[1]

Le développement de la maîtrise n'est aucunement une question de jours, mais de répétitions. Plus vous répétez, surtout si vous le faites avec la pleine conscience de la pratique profonde, plus les voies neuronales agissent et se renforcent, et plus votre habitude se consolide.

La pratique consiste à transformer votre vision (votre volonté de changer) et la nouvelle façon de vous comporter (ce que vous voulez changer) en référence à un nouveau comportement. Si vous voulez apprivoiser votre « monstre des conseils », si vous voulez ancrer votre habitude du coaching, vous devez être présent et pratiquer jour après jour. C'est aussi simple et aussi difficile que cela.

---

1. Gretchen Craft Rubin, née le 14 décembre 1965 à Kansas City, est auteure de plusieurs livres dont le best-seller international *Opération Bonheur* (2009), blogueuse et conférencière (*NdlT*).

Hé ! C'est Michael, l'auteur

Oui, c'est mon sang, ma sueur et mes larmes que vous voyez sur le papier… **Si vous appréciez la lecture de ce livre, seriez-vous prêt à publier un commentaire sur Amazon ou sur un autre site internet ?**

Cette « preuve sociale[1] » contribue largement à son succès à travers le monde. Et si vous n'êtes pas aussi enthousiaste, aucun problème !

TheAdviceTrap.com #ApprivoisezVotreMonstreDesConseils

---

1. La preuve sociale est un processus psychologique et social utilisé pour influencer le comportement du consommateur en communiquant une perception positive d'un produit, d'un service ou d'une entreprise. Ce concept marketing éprouvé s'appuie sur la satisfaction des précédents acheteurs pour rassurer les consommateurs suivants, en créant une relation de confiance. La popularité des réseaux sociaux a renforcé son impact sur les taux de conversion (*NdlT*).

Évitez la fuite de votre interlocuteur

Votre rôle
consiste
à le maintenir
dans la
conversation.

#ApprivoisezVotreMonstreDesConseils

Il veut fuir

Lorsque les choses se compliquent, le cerveau commence à chercher des issues. La mauvaise nouvelle ? Toute conversation est délicate ou peut le devenir à tout moment.

Par nature, le cerveau est pessimiste. Il scrute le monde toutes les cinq secondes en quête de raisons de s'inquiéter. En dehors de la cohérence et de la positivité, il se contentera de dire : « C'est mauvais ! Repliez-vous ! » Ce repli peut prendre la forme d'une lutte, d'une fuite ou d'un blocage. Dans une conversation, cela peut se traduire par le désengagement de l'autre partie ou sa « fermeture ». Dans ce contexte, la situation semble plus tranchée, la personne se place dans l'optique de la survie plutôt que de la création, et le risque de conflit existe. En résumé, vous n'obtiendrez certainement pas le meilleur d'elle, et même votre meilleure technique de coaching ne suffira pas.

Le fait qu'une personne occupe l'espace de manière que l'autre puisse comprendre certaines choses, identifier le véritable défi, se concentrer davantage... est une chance ! Alors, comment procéder pour rendre nos interactions convaincantes, sécurisantes et valorisantes ?

Dans *10 minutes pour coacher ses collaborateurs*, j'ai présenté TERA, une méthode de compréhension et d'application des neurosciences de l'engagement. TERA est un acronyme désignant les quatre facteurs que le cerveau évalue pour déterminer le niveau de risque de chaque situation :

- *Tribe* (tribu) : êtes-vous avec moi ou contre moi ?
- *Expectation* (attentes) : est-ce que je sais ce qui va se passer ?
- *Rank* (position) : êtes-vous plus ou moins important que moi ?
- *Autonomy* (autonomie) : ai-je mon mot à dire sur le sujet ou non ?

Lorsque le quotient TERA est élevé et que le cerveau donne le feu vert pour une situation sans risque, les gens font preuve d'assertivité, accèdent aux parties les plus ingénieuses de leur cerveau, saisissent les subtilités de la situation, adoptent des intentions positives et donnent le meilleur d'eux-mêmes. Tout le monde est gagnant.

Pour améliorer les chances d'une interaction guidée par l'engagement, je vous propose d'appliquer les tactiques TERA afin de verrouiller le processus et de maintenir l'interlocuteur dans la conversation.

Les choix TERA :

Tribe (tribu) : êtes-vous avec moi ou contre moi ?

Expectation (attentes) : est-ce que je sais ce qui va se passer ou non ?

Rank (position) : êtes-vous plus ou moins important que moi ?

Autonomy (autonomie) : ai-je mon mot à dire sur le sujet ou non ?

Si votre
« monstre
des conseils »
se déchaîne,
votre
interlocuteur
quitte
la conversation.

#ApprivoisezVotreMonstreDesConseils

Chaque facteur commence par un mantra et un défi principal, puis se manifeste par des éléments spécifiques que vous pouvez mentionner et appliquer pour augmenter le quotient TERA. Vous pouvez y recourir dans les entretiens individuels, les réunions, et même dans des groupes plus importants. Lorsque je donne une conférence devant des milliers de personnes, je prévois plusieurs temps courts TERA afin de capter en permanence l'attention du public.

Les tactiques TERA sont l'antithèse de la méthode « dire », « sauver » et « contrôler ». En effet, si votre « monstre des conseils » se déchaîne, l'interlocuteur quitte la conversation.

Tribu : soyez de leur côté

Le cerveau veut savoir si vous êtes entre amis. Il demande : « Êtes-vous avec moi ou contre moi ? » S'il a le sentiment que vous êtes de son côté, il se sent en sécurité. Votre mantra est donc le suivant : s*oyez de leur côté*. Le mantra suscite le défi principal qui permet d'accroître le sentiment de tribu : quelles barrières puis-je supprimer entre nous ?

Les barrières physiques sont les plus simples à gérer. Les obstacles invisibles sont plus subtils et invasifs. Vous disposez alors d'une base pour déterminer ce que vous pouvez dire et faire pour aider.

Essayez de dire cela

Posez des questions. Au lieu de « faire » en donnant des conseils, vous collaborez en résolvant le problème ensemble.

Encouragez la personne par des mots simples, comme « euh », « oui », « bien », « génial », « excellent », « exact », « parfait ».

Recherchez des occasions d'utiliser « nous » et « notre » lorsque c'est approprié. Mais nous le savions déjà, n'est-ce pas ?

Commencez une conversation en vous intéressant à l'autre personne en tant qu'être humain. L'une de mes questions préférées est la suivante : « Quel a été pour vous le point positif de la semaine dernière ? » Vous pouvez approfondir la question en ajoutant : « ... et le point négatif ? »

Prenez conscience de ce qu'elle peut ressentir. Il peut s'agir d'une simple phrase comme : « Cela semble compliqué/difficile/excitant. » Vous n'avez pas besoin de jouer les « thérapeutes » et de vous mettre à employer des métaphores ou un « jargon analytique ».

Essayez de faire cela

Faites des gestes indiquant que vous êtes d'accord avec votre interlocuteur. Un hochement de tête et un léger mouvement des sourcils sont autant de signaux d'enthousiasme et de consentement.

Optez pour un contact physique approprié, à condition d'avoir obtenu l'accord de la personne. Une poignée de main, une tape sur l'épaule ou un coup de coude, tous ces gestes renforcent le sentiment de proximité. Lorsque j'interviens dans une assemblée, je me place à l'entrée pour accueillir les participants par une poignée de main.

Affichez des symboles communs. Dans une banque canadienne, tous les employés portent un petit badge vert avec le logo de l'organisation. Cela crée un sentiment naturel d'appartenance à une communauté.

Avoir un rival commun peut aussi conduire à des objectifs partagés. En effet, « nous contre eux » produit le sentiment d'appartenance à une tribu.

Adoptez un état d'esprit positif : si vous pensez que la personne fait de son mieux, vous serez moins enclin à céder à une attitude du type « moi contre eux ».

Quels sont les obstacles à la tribu ?

Vous devez comprendre les raisons pour lesquelles vous pourriez résister à la notion de tribu et aux autres facteurs du quotient TERA. Chaque choix implique des satisfactions et des sanctions, et le fait d'aider une personne à se sentir plus intégrée a un coût.

Quand vous essayez de renforcer le sentiment d'appartenance à une tribu, vous secouez la cage de votre « monstre des conseils ». Votre personnage du contrôle, en particulier, commence à se manifester. Faire tomber les barrières signifie réduire le contrôle et la hiérarchie, affaiblir les certitudes et augmenter la vulnérabilité. Il est judicieux de remarquer la résistance et d'expérimenter par tous les moyens. Peut-être vous sentirez-vous un peu mal à l'aise, mais il est peu probable qu'une catastrophe se produise. Et le côté positif de la chose, c'est que les gens feront preuve de plus d'intelligence, d'engagement et de motivation pour leur travail.

Les attentes : montrez-leur le futur

Le cerveau veut savoir ce qui va se passer. Si les choses sont prévisibles, on se sent bien. Par conséquent, si le cerveau se demande : « Est-ce que je sais ce qui va se passer ou non ? », vous devrez appliquer le mantra suivant : *montrez-leur le futur*. À partir de ce mantra émerge le défi suivant : comment mettre en lumière le chemin à parcourir et éviter le doute ?

Pour ce faire, créez des mini-étapes afin que vos interlocuteurs puissent continuer de savoir où ils en sont. Au lieu de rester dans les coulisses pour essayer de faire opérer la magie, expliquez-leur le processus. Encore une fois, vous pouvez y parvenir aussi bien par la parole que par des actions.

Essayez de dire cela

Utilisez les consignes de la scène, par exemple : « Permettez-moi de vous poser une question... » « Je vais juste vous interrompre ici... » « Je voudrais intervenir et exprimer mon idée... » Ces phrases sont presque subliminales et permettent à l'autre personne de se repérer et de comprendre la situation.

Utilisez des chiffres. « Nous avons [x] points à aborder. » « Nous voulons soumettre [x] idées. »

Utilisez la notion du temps. « Prenons cinq minutes pour identifier le véritable défi. » « Il nous reste environ dix minutes pour échanger. »

Posez des questions de clarification. Si vous ne comprenez pas ce qui vient d'être dit, il est quasiment certain que vous n'êtes pas le seul. Une question de clarification soulage tous les participants de la conversation.

Essayez de faire cela

Expliquez le processus au fil de son déroulement, avec des phrases comme : « Prenons un peu de temps pour approfondir la question et identifier le véritable défi. » Ou : « Je vais juste me lancer, pour vous demander : "Que voulez-vous exactement ?" »

Multipliez les ouvertures et les conclusions, et commentez les transitions. Considérez-les comme des signaux indiquant que la dernière section est terminée et que nous passons à un nouveau point. « Nous avons bien cerné le véritable défi. Passons maintenant à la proposition d'idées sur la manière de le résoudre. »

Proposez un choix limité. Le choix est une bonne chose (voir la partie consacrée à l'autonomie), mais un choix trop vaste risque de vous paralyser. « Souhaitez-vous me rencontrer à la cafétéria, dans mon bureau ou ailleurs ? » est un exemple de choix possibles, sans pour autant être écrasant d'incertitude.

« Il n'existe aucune corrélation entre le fait d'être le meilleur communicant et celui d'avoir les meilleures idées. »

Susan Cain[1]

---

1. Susan Horowitz Cain, née en 1968 aux États-Unis, est coach, consultante, formatrice et conférencière (*NdlT*).

Soyez méta. Prenez du recul par rapport aux détails et parlez à un niveau plus global. « Je pense que nous avons des difficultés à cerner le véritable défi. »

Dites aux gens ce qui se passe, dans votre intérêt, pour éviter de susciter le mystère. « Je suis enthousiasmé par la tournure que prennent les choses. »

« Je suis perdu dans cette conversation et je ne suis pas certain de comprendre ce qui se passe. » « Je ressens le stress du temps... Je crois qu'il me reste cinq minutes. »

Quels sont les obstacles aux attentes ?

Lorsque vous souhaitez renforcer le sentiment d'attente chez quelqu'un, votre personnage de contrôle se manifeste. Vous vous écartez d'une méthode de travail dans laquelle vous aviez le contrôle, maîtrisiez le processus et gardiez toutes les cartes en main. Ainsi, personne d'autre ne pouvait s'immiscer et, lorsque les choses ne fonctionnaient pas exactement comme vous l'aviez prévu, nul n'était au courant. Désormais, lorsque vous dévoilez le processus, vous en faites un sujet de discussion et peut-être de cocréation. Les gens sont capables de comprendre quand cela ne fonctionne pas comme vous l'aviez prévu.

Votre personnage de contrôle vous incitera à ne pas commettre cette erreur. Ignorez-le et voyez comment les choses se déroulent.

Position : faites-les grandir

Comment vous situez-vous par rapport à l'autre personne? Le cerveau veut se sentir égal, voire supérieur. Si son statut est inférieur, il n'est pas satisfait. Le cerveau se demande : « Suis-je plus ou moins important que vous? » et, dans ce cas, appliquez le mantra : *faites-les grandir*. Le défi est donc celui-ci : comment faire pour qu'ils continuent de se sentir importants? Il ne s'agit pas de fausse flatterie ou de séduction artificielle. Nul n'est dupe (du moins, en grande partie, mais cela ne vous tromperait certainement pas, car vous êtes formidable). L'objectif est de trouver des moyens pour leur permettre de se projeter pleinement dans l'instant présent et non de se dévaloriser. C'est une expérience intense et stimulante.

Essayez de dire cela

Posez une de ces questions de coaching qui améliore leur position comme : « Votre avis compte. C'est à vous de fixer l'ordre du jour, d'avoir des idées et de mener la conversation. »

La question « Et quoi d'autre? » est particulièrement efficace : elle permet de maintenir l'attention sur eux.

Laissez-les parler en premier. Une formule géniale est la suivante : « J'ai quelques pistes de réflexion mais, avant de partager mes idées..., j'aimerais connaître les vôtres? » Poursuivez avec : « Et quoi d'autre? »

La position **étant** une question de pouvoir et de contrôle, il est important de souligner que j'écris ces lignes en tant qu'homme blanc, grand, surdiplômé et hétérosexuel. J'avais quasiment tous les atouts en main, ce qui m'a permis de bénéficier d'une position privilégiée et de distribuer les cartes. Si vous répondez aux mêmes critères démographiques que les miens, vous avez la possibilité de faire progresser le statut des autres en diminuant le vôtre. Si vous ne cochez pas ces cases, je vous invite à réfléchir à la manière dont vous gérez votre position et, en particulier, au moment et à la façon dont vous minimisez votre propre statut.

Vous pouvez minimiser votre position de deux manières. Tout d'abord, vous pouvez valoriser votre interlocuteur : « Vous le savez mieux que moi... » « Vous êtes le mieux placé pour comprendre la situation... » Ensuite, vous pouvez bannir les certitudes et l'autorité de vos affirmations : « Voici mon avis... », « Je peux me tromper, mais permettez-moi de suggérer... », « Je ne suis pas certain que cela soit utile, mais je voudrais vous demander... »

Diminuez
votre position
et **augmentez**
celle
des autres.

#ApprivoisezVotreMonstreDesConseils

Essayez de faire cela

Partagez les réponses à certaines de vos questions. Par exemple, si vous appliquez la tactique de la vérification du principe de la tribu, partagez vos points forts et vos points faibles. Faites-en un élément d'échange d'informations.

Supprimez les barrières visibles : la table qui vous sépare, le pupitre sur la scène.

Adaptez votre style vestimentaire. Par exemple, le fait d'enlever une cravate ou une veste, ou de relever vos manches change immédiatement et allège une tenue professionnelle plus formelle.

Choisissez soigneusement le lieu où vous vous trouvez physiquement par rapport à l'autre. Évitez par exemple qu'une personne soit debout et l'autre assise. Optez plutôt pour une position assise à peu près à la même hauteur, face à face, en angle ou côte à côte.

Les notions de tribu et de position se recoupent de manière positive. Les tactiques qui visent à développer l'une d'entre elles permettent souvent de stimuler l'autre, par exemple en créant un objectif commun.

« Le fait de donner des conseils est motivé par le sentiment de panique. »

Elizabeth Gilbert[1]

Quels sont les obstacles à la position ?

Le personnage du contrôle n'apprécie pas que l'on responsabilise les autres et que l'on abandonne littéralement le contrôle. Vous pouvez presque l'entendre murmurer : « Qu'est-ce que vous faites ?! » Le sauveur intervient également dans le processus. Lorsque vous sauvez quelqu'un (j'ai la réponse/le

1. Elizabeth Gilbert, née le 18 juillet 1969 à Waterbury, Connecticut aux États-Unis, est romancière, essayiste et biographe (*NdlT*).

contrôle/le pouvoir), vous bénéficiez d'un statut supérieur par rapport à cette personne (vous êtes en difficulté/hors de contrôle/impuissant). Mais si vous lui donnez la possibilité d'intervenir et de prendre des initiatives, le sauveur pense que vous vous dérobez à vos responsabilités.

Votre « monstre des conseils » ressent la pression. C'est bien : laissez-le souffrir tout en le valorisant.

Autonomie : donnez-leur le choix

Nous aimons avoir le choix. Si les individus perçoivent le contrôle, ils font preuve d'engagement. Lorsqu'ils se demandent : « Ai-je mon mot à dire ou non ? », la solution est plutôt évidente : *donnez-leur le choix*. Cela signifie que votre défi est clair : comment allez-vous trouver des occasions de leur donner le choix ?

La bonne nouvelle : les occasions de prendre des décisions ne manquent pas. Vous pourrez toujours vous concentrer sur ceux dont la position est la plus élevée tout en leur donnant de nombreuses possibilités de faire preuve d'autonomie.

Essayez de dire cela

Toute question de coaching implique l'autonomie. Vous demandez : « Qu'est-ce qui vous préoccupe ? » et la personne influence désormais la conversation, car elle a le choix de ses réponses. La question la plus efficace pour accroître l'autonomie est sans doute la question de fond : « Que voulez-vous exactement ? » Mais ce n'est que mon avis. Qu'en pensez-vous ?

Essayez de faire cela

Identifiez les principaux aspects que vous devez contrôler, puis déterminez les choix plus modestes que vous pouvez proposer à vos interlocuteurs. Par exemple, dans les ateliers de Box of Crayons, nous savons que nous devons contrôler les contenus de base que nous enseignons et respecter le temps imparti. Néanmoins, nous pouvons également laisser aux participants toutes sortes de choix, qu'il s'agisse de l'endroit où ils s'installent, des personnes avec lesquelles ils échangent ou des questions de coaching qu'ils se posent mutuellement.

Remarquez les cas où vous vous êtes approprié le problème et dans lesquels c'est vous, et non eux, qui avez conclu en notant les « actions à entreprendre ». Si vous agissez comme un sauveur, il y a fort à parier que vous les privez d'autonomie.

Quels sont les obstacles à l'autonomie ?

Vous leur donnez le choix, ce qui signifie que vous leur laissez le contrôle de leur propre objectif. Vous dites qu'ils sont suffisamment confiants et compétents pour décider de leur avenir. Les trois personnages du « monstre des conseils » – dire, sauver et contrôler – sont évidemment indignés par cette situation.

Vous apprivoisez « le monstre » en ayant le courage de leur accorder une certaine autonomie.

Adaptez vos échelles

Vous avez peut-être remarqué que les tactiques TERA donnent parfois l'impression de s'opposer les unes aux autres. Renforcer la cohésion de la tribu peut, dans certains cas, diminuer l'importance de la position. Clarifier les attentes peut réduire le pouvoir de l'autonomie. Peu importe : votre objectif est d'augmenter le quotient global TERA. Voyez cela comme une table de mixage de musique où vous cherchez à équilibrer les aigus, les basses, les voix, etc. Choisissez la bonne combinaison de tactiques et de stratégies afin d'augmenter le quotient TERA, d'éviter la fuite de votre interlocuteur et de mettre en exergue vos interactions.

Comment augmenter le quotient TERA

Tribu : soyez de leur côté.

Attentes : orientez-les vers le futur.

Position : faites-les grandir.

Autonomie : donnez-leur le choix.

Qu'est-ce qui a été le plus utile ou le plus pertinent pour vous ?

Maintenant que nous avons approfondi les connaissances sur les neurosciences de l'engagement, quel est le moment « ah, ah ! » pour vous ? Quels sont les aspects dont vous voulez vous souvenir en particulier ? Notez vos réponses pour vous aider à les retenir.

....

....

....

....

....

....

Comment mettre en pratique la Masterclass 3

Découvrez
le **sentiment**
de bien-être.

Je me sens bien !

Charles Duhigg décrit les trois parties du cycle de l'habitude dans son ouvrage *Le Pouvoir des habitudes*. Tout d'abord, l'indice : le facteur déclencheur ou le moment contextuel qui provoque le comportement. Ensuite, le comportement lui-même : la réaction automatique au déclic. Et, enfin, la reconnaissance : la dose de dopamine qui dit au cerveau : « Refaites-le ! » et qui parachève le processus de l'habitude.

Dans son ouvrage, *Atomic Habits,* James Clear s'appuie sur les travaux de Duhigg et d'autres auteurs pour établir les quatre lois du changement de comportement. La quatrième loi s'intitule « Rendez-le satisfaisant » et, dans cette partie, l'auteur aborde la règle fondamentale du changement de comportement :

Ce qui est récompensé est répété, ce qui est sanctionné est évité.

POUR ALLER + LOIN
Les trois autres lois qui régissent le changement de comportement sont présentées sur le site de Box of Crayons Lab.

En d'autres termes, le fait de se comporter davantage en manager-coach doit être source de satisfaction, sinon vous ne vous y tiendrez pas. Alors, ne laissons pas le hasard faire les choses.

1. Réfléchissez à ceci : la question d'apprentissage – « Qu'est-ce qui vous a été le plus utile ? » – est extrêmement pertinente pour la personne interrogée. Elle lui permet de se poser, l'aide à comprendre la valeur de la conversation et crée un moment d'apprentissage qui génère de nouvelles connexions neuronales. Posez-lui des questions et vous renforcez ainsi sa capacité à construire de nouvelles voies dans son esprit.

   Cette démarche est également positive pour vous non seulement en tant que source d'apprentissage, mais aussi de satisfaction. Vous venez d'aider quelqu'un. Ce n'est pas une simple hypothèse. Soyez à l'écoute, car des personnes vous parlent : voici, précisément, comment vous avez créé de la valeur. En vous montrant curieux et en préservant un espace de réflexion, vous avez permis à quelqu'un de devenir plus intelligent, plus avisé et plus courageux. Vous pouvez être fier de ces résultats. Vous devriez en être fier. Sachez que, lorsque vous demandez : « Qu'est-ce qui vous a été le plus utile ? », vous créez un moment de célébration.

2. Levez-vous : quand vous franchissez la ligne d'arrivée, marquez un but, escaladez un sommet – ou toute autre métaphore de victoire de votre choix –, une réaction physique prévisible se produit. Peut-être levez-vous les bras en signe de triomphe, faites-vous un petit signe du poing ou encore ouvrez-vous grand les bras. Vous pouvez aussi taper dans la main des personnes qui se trouvent à proximité. La célébration est un phénomène de nature somatique : elle se manifeste dans votre corps.

De la même manière que vous pouvez appliquer le concept d'amorçage présenté dans la Masterclass 1 pour vous placer dans les bonnes dispositions, vous pouvez adopter une idée similaire pour créer la récompense qui finalisera le cycle de l'habitude. Lorsque, dans une conversation, vous réussissez à tenir votre « monstre des conseils » à distance, même pour un court instant, épatez la galerie ! Pas besoin d'extravagance, mais déclenchez la réaction chimique du bien-être.

La célébration est un phénomène somatique : **elle se manifeste dans votre corps.**

Cela a fonctionné pour « le parrain de la *soul*[1] » : ça peut aussi marcher pour vous.

---

1. James Joseph Brown, Jr, né le 3 mai 1933 à Barnwell, Caroline du Sud, et mort le 25 décembre 2006 à Atlanta, est musicien, chanteur, auteur-compositeur, danseur et producteur américain. Figure emblématique du *rhythm and blues*, du *funk*, de la *soul* et du *Black Arts Movement*, il est fréquemment surnommé « *The Godfather of Soul* », « le parrain de la *soul* »-(*NdlT*).

Une pratique tous azimuts

Votre rôle
consiste à faire
du coaching
une interaction
quotidienne.

#ApprivoisezVotreMonstreDesConseils

Chaque interaction doit être considérée comme une forme de coaching

Le coaching n'est plus un simple rendez-vous, mais une véritable façon d'être avec les autres.

Si vous lisez la dédicace de ce livre, cette phrase évoquera quelque chose pour vous. En effet, c'est ce que Peter Block a écrit dans un texte de présentation de mon premier livre, il y a près de vingt ans.

Le coaching n'est plus un outil de management occasionnel, du type « venez dans mon bureau pour que je vous coache ». En effet, le coaching est un comportement de l'instant présent – se montrer curieux, éviter de se précipiter vers l'action et donner des conseils de manière plus modérée –, c'est une façon d'être présent dans toutes les interactions quotidiennes, dans tous les canaux de communication et à tout moment. Vous avez toujours le choix de faire preuve de curiosité.

Tout d'abord, vous devez connaître les différents canaux possibles pour vous rapprocher de votre rôle de manager-coach, ainsi que les avantages et les inconvénients de chacun. Ensuite, sachez que certaines formes d'interaction sont particulièrement appropriées pour développer votre statut de manager-coach.

Utilisez tous les canaux possibles

Simultanément : en personne, en vidéo et au téléphone

Commençons par le plus évident. Si vous communiquez avec la personne en temps réel, vous pouvez vous montrer plus curieux. Vous n'avez pas besoin de programmer un rendez-vous de coaching ou de la convoquer dans une salle spéciale de coaching. Vous pouvez poser une question à quelqu'un en marchant dans le couloir, en attendant l'ascenseur ou en prenant un café. La vidéo est un autre moyen de communication courant, en particulier dans les organisations disséminées et dans les équipes qui fonctionnent à distance. Grâce aux outils Zoom, Skype, Hangouts ou autres services de ce type, vous pouvez vous connecter et ainsi faire preuve de curiosité. Si votre messagerie électronique et votre messagerie instantanée sont *accessibles en permanence,* il est plus difficile de rester pleinement concentré. Si vous êtes en visioconférence, supprimez toutes les sources de perturbation, regardez la caméra, pas l'écran, et accordez une réelle attention à votre interlocuteur.

E-mail ou texto ?

Votre « monstre des conseils » se focalise probablement sur ces deux moyens de communication.

#ApprivoisezVotreDémonDuConseil

Le coaching au téléphone semble impossible pour certaines personnes. La crainte de passer à côté des nuances du langage corporel pourrait constituer un obstacle. En réalité, de nombreux coachs professionnels préfèrent le téléphone, car ils bénéficient de tous les avantages de la présence de leur partenaire, sans les inconvénients de la conversation en face-à-face. Lorsque vous rencontrez une personne physiquement, en particulier s'il existe une relation hiérarchique, comme entre un supérieur et un subordonné, chacun peut faire bonne impression. Au téléphone, les gens peuvent parfois faire tomber le masque. De plus, il est étonnant de constater les variations d'énergie et d'autres nuances perceptibles si vous êtes pleinement à l'écoute de votre interlocuteur.

Communication asynchrone : e-mail et chat

Les managers-coachs ont tendance à négliger les moyens de communication asynchrones, comme l'e-mail, Slack et les textos, ne nécessitant pas un échange immédiat et en direct. Lorsque vous n'êtes pas en présence de votre interlocuteur, vous risquez d'oublier que votre rôle consiste à l'aider à identifier le problème, à devenir plus pertinent et plus autonome et pas nécessairement à lui apporter la solution. En effet, la nature transactionnelle de l'échange signifie que votre « monstre des conseils » se concentre véritablement sur ces canaux de communication. Cela peut changer maintenant. Prévoyez de poser les 7 questions de *10 minutes pour coacher ses collaborateurs* par e-mail ou chat. Fixez-vous comme objectif de poser une de ces questions, voire deux, avant de vous presser de donner des conseils, d'émettre des avis ou de faire des suggestions.

Un leadership fondé sur le coaching peut s'avérer particulièrement efficace quand vous recevez un long courriel décousu émanant inévitablement de personnes de votre entourage. Il s'agit du type de message que vous avez dû lire trois fois et auquel vous avez tenté de répondre en écrivant : « voir mes réponses ci-dessous » et en ajoutant votre commentaire après chaque paragraphe. Dorénavant, vous pouvez agir en manager-coach, et ça changera tout. Appuyez sur la touche « répondre », reconnaissez que la situation est complexe et posez une question comme : « Quel est le véritable défi pour vous ? » ou « Qu'attendez-vous de moi ? » si ce n'est pas clair.

Procédez ainsi régulièrement pendant un certain temps et vous remarquerez que ces e-mails seront plus courts, plus précis et que leur style rédactionnel vous permettra de proposer une meilleure réponse.

Il est indispensable de maîtriser le ton dans tout échange écrit. Comme nous l'avons évoqué dans la partie consacrée à TERA, vous voulez donner à votre e-mail ou à votre chat toutes les chances d'être compris de manière appropriée. Pour ce faire, vous pouvez utiliser des émoticônes. Il en va de même pour les phrases qui indiquent le ton. « Par curiosité... » est une bonne formule qui permet de poser une question avec un peu plus de distance.

« Le meilleur conseil provient de la personne qui ne donne pas de conseils. »

Matthew McConaughey[1]

Ou encore, vous pouvez reconnaître que vous bousculez délibérément votre interlocuteur. Essayez par exemple : « Permettez-moi de vous provoquer en vous posant cette question... » ou : « Je vais peut-être vous sembler brutal, mais laissez-moi tout de même vous demander... »

1. Matthew McConaughey, né le 4 novembre 1969 à Uvalde, Texas, États-Unis est acteur, réalisateur, scénariste et producteur de cinéma (*NdlT*).

Quand la combinaison fonctionne

Will It Blend? est une campagne de marketing viral emblématique lancée par la marque américaine Blendtec. Pour prouver la puissance de ses mixeurs, l'entreprise a repoussé les limites du possible en matière de mélange. Ils ont commencé de manière relativement modeste, par exemple, avec un demi-poulet cuit (y compris les os) et une canette de Coca. Rapidement, ils se sont aventurés dans un territoire inexploré en testant leur produit avec un iPhone, une torche Tiki, un tuyau d'arrosage et une enceinte connectée Amazon Echo. Vous serez ravi d'apprendre qu'il est nettement plus facile d'associer le coaching aux interactions professionnelles quotidiennes.

Le face-à-face

Il faut bien reconnaître que la réunion hebdomadaire classique en face-à-face peut se révéler décourageante. Elle peut facilement se transformer en un rapport hiérarchique organisé qui, en toute honnêteté, ennuie les deux parties. Vous cherchez à savoir ce que fait la personne, en quelque sorte. Elle veut vous rassurer en vous disant que tout va bien et qu'elle est un bon employé qui travaille sans relâche, mais qui n'aime pas le côté « prouvez-le ! » de la conversation. Ne perdez pas le temps précieux que vous passez ensemble à faire le point. Il existe de nombreuses autres méthodes permettant à votre équipe de vous informer de ses avancées.

Le fait d'adopter une approche fondée sur le coaching peut redynamiser l'expérience. Mettez de côté l'ordre du jour habituel qui explique en partie pourquoi la réunion semble stérile, et commencez par la question : « Qu'est-ce qui vous préoccupe ? » S'il s'agit d'un changement majeur, vous pouvez informer l'autre personne avant la réunion de ce que vous envisagez de faire, pour éviter une réaction de panique et de blocage. Lorsqu'elle vous parle, n'essayez pas d'arranger les choses pour elle, du moins pas dans l'immédiat. Posez une autre question comme : « Quel est le véritable défi pour vous ? » Essayez de savoir combien de temps vous pouvez tenir cette réunion avant de vous sentir obligé de partager une idée ou une opinion.

La réunion

Quand une réunion est bien menée, c'est génial. En revanche, lorsqu'elle se passe mal, tout le monde pense : « J'ai perdu deux heures. » Chaque année, de nombreux livres sont publiés sur l'organisation de réunions plus efficaces, et tous ces ouvrages se vendent bien. Mettez en œuvre les mesures les plus judicieuses, comme réduire autant que possible le nombre de participants (la règle des deux pizzas chez Amazon[1]

1. La règle des deux pizzas, développée par Jeff Bezos, le fondateur d'Amazon, repose sur un constat connu de tous : s'il y a trop d'intervenants à une réunion, cette dernière est inefficace. Selon ce dirigeant, « il ne faut jamais faire de réunion dans laquelle deux pizzas ne peuvent pas nourrir chaque personne qui y assiste » (*NdlT*).

est intéressante à retenir), divisez par deux le temps habituellement imparti (pour aller droit au but) ou doublez-le (pour avoir vraiment le temps de réfléchir ensemble). Puis, ajoutez une dose de curiosité à ce mélange.

Posez la question : « Qu'est-ce qui vous préoccupe ? »

Si vous avez un ordre du jour, transformez chaque point en question. Si vous organisez une réunion, cela doit être pour célébrer quelque chose ou résoudre un problème. Pour chaque sujet, posez la question « Quel est le véritable défi ? » afin de définir clairement les problèmes que vous cherchez à résoudre et les informations qui seraient utiles pour y parvenir.

Terminez la réunion en demandant : « Qu'est-ce qui vous a été le plus utile ou le plus pertinent ? » C'est l'occasion de prendre le temps d'exprimer ce qui a été bénéfique dans la réunion et ce que vous devriez faire davantage lors de la prochaine pour la rendre encore plus efficace.

Feedback et gestion de la performance

Le coaching et le *feedback* sont souvent mis dans la même catégorie. Cependant, je pense qu'ils sont bien distincts. Le management fondé sur le coaching consiste à rester curieux en permanence et, ainsi, à permettre à l'autre personne de faire son travail, de trouver l'idée, de découvrir la solution. Le *feedback* désigne le fait de lancer la conversation pour partager votre point de vue sur une situation : « Cela ne s'est pas bien passé » (la version la plus courante) ou « Cela s'est bien passé ».

Bien qu'ils soient différents, ils fonctionnent également bien ensemble. Le *feedback* est généralement plus efficace lorsqu'il fait partie intégrante d'une conversation de coaching. Partagez le *feedback* que vous souhaitez donner. Il existe plusieurs manières de procéder, et vous connaissez probablement celle qui fonctionne le mieux pour vous. Après avoir exposé les faits à votre interlocuteur, leur impact et ce que vous attendez de lui la prochaine fois, vous pouvez adopter un comportement plus proche de celui du manager-coach.

- Avoir écouté le *feedback* – « Qu'est-ce qui vous préoccupe ? »
- Lorsque la personne réfléchit à ce qu'elle doit faire différemment la prochaine fois – « Quel est le véritable défi pour vous ? »
- Lorsque les interlocuteurs se demandent comment les choses vont changer : « Que recherchez-vous ? »
- À la fin de la conversation, pour que chaque partie puisse savoir ce qui a fonctionné (et ce qui n'a pas fonctionné) dans cet exercice de *feedback* : « Qu'est-ce qui vous a été le plus utile ? »

Non seulement cette méthode renforce l'efficacité du *feedback* permanent, mais elle fonctionne aussi dans le processus de performance plus formel adopté par de nombreuses organisations. Alors que plusieurs de ces dernières repensent actuellement la manière dont elles traitent la gestion de la performance, un élément fonctionne parfaitement : le comportement du manager-coach comme référence.

Le management fondé sur le **coaching** consiste à rester curieux.

Le ***feedback*** vous permet de partager votre point de vue.

#ApprivoisezVotreMonstreDesConseils

Qu'est-ce qui a été le plus utile ou le plus pertinent pur vous dans cette partie ?

Dans cette partie consacrée à l'introduction du coaching dans votre pratique quotidienne, quel élément essentiel voulez-vous retenir et mettre en application ?

....

....

....

....

....

....

Comment mettre en pratique la Masterclass 4

Optez pour
un *feedback*
sur un temps
à la fois
rapide et lent.

Hommage

Dans la Masterclass 1, je vous ai présenté Richard H. Thaler, expert de l'économie comportementale. L'un de ses principaux mentors, Daniel Kahneman, également prix Nobel d'économie et auteur de *Système 1. Système 2. Les deux vitesses de la pensée,* propose une approche à la fois rapide et lente de la pratique du *feedback*.

Pas aussi rapide que ça

James Clear, l'un des défenseurs de la pratique relative au sentiment de bien-être décrit dans la Masterclass 3, a publié ce message sur Twitter il y a quelques années : « Tout apprentissage dépend du *feedback*. Plus celui-ci est immédiat, plus votre apprentissage est rapide. Ainsi, dans de nombreux domaines, l'individu, l'équipe ou l'organisation dont le cycle de *feedback* est le plus rapide est aussi le plus efficace. » Cela relève d'une logique intuitive. Mais les scientifiques vont plus loin.

POUR ALLER + LOIN

Kahneman est la référence dans le domaine du biais cognitif. Si vous n'avez pas encore étudié *la pensée de type 1* et *la pensée de type 2* ainsi que les biais cognitifs, vous trouverez le sujet probablement passionnant. Je vous propose quelques ressources sur le site de Box of Crayons Lab.

L'un de mes livres préférés sur les techniques pédagogiques est *Make It Stick*, coécrit par trois universitaires, Peter Brown, Henry L. Roediger III et Mark A. McDaniel. Ces derniers y présentent des recherches qui montrent que le fait de « retarder légèrement le *feedback* produit un meilleur apprentissage à long terme qu'un commentaire immédiat ». L'idée est que, si ce dernier est immédiat, il devient une partie intégrante de l'expérience. S'il est légèrement différé, le décalage crée une distance, ce qui améliore la prise en compte de l'information.

Alors, comment obtenir un *feedback*, à la fois rapide et lent ?

Pratiquez dans des contextes favorisant le *feedback*

Il existe deux types de situations dans lesquelles le *feedback* peut être riche et rapide : celle qui garantit la sécurité et celle qui est sans issue.

La sécurité : pensez à vos alliés, des personnes qui sont résolument de votre côté et qui veulent votre réussite. Expliquez-leur ce que vous êtes en train de faire et ce que vous aimeriez faire. Demandez-leur leur approbation, leurs encouragements, leurs commentaires et d'être votre mentor. Si vous vous y prenez bien, elles vous soutiendront. Sinon, elles vous le diront. Dans tous les cas, il s'agit d'un espace sécurisant : vous pouvez vous y entraîner.

Une situation sans issue : la liberté, nous assurait Janis Joplin, c'est quand on n'a plus rien à perdre. Peut-être existe-t-il une relation de travail qui vous semble irrécupérable, brisée et frustrante, et que rien n'a fonctionné jusqu'à présent. Dans ce cas, pourquoi ne pas vous exercer à devenir un véritable manager-coach ? Après tout, les choses ne peuvent pas être pires. La seule voie possible est celle du succès, alors pourquoi ne pas tenter votre chance ?

Réflexion

Les auteurs de *Make It Stick* proposent une autre idée géniale selon laquelle « la réflexion est une forme de pratique ». Pour accélérer votre maîtrise, créez un espace pour réfléchir et apprendre. Il existe une myriade de manières de le faire, mais le principe peut se résumer ainsi : après un événement, posez-vous des questions et notez les réponses.

Vous pourriez vous inspirer de la méthode « revue après action » utilisée par l'armée et qui repose sur trois catégories de questions. Tout d'abord : « Que devait-il se passer... qu'est-ce qui s'est passé... et pourquoi cette différence ? » Ensuite : « Qu'est-ce qui a fonctionné... et qu'est-ce qui n'a pas fonctionné ? » Et enfin : « Que feriez-vous différemment à l'avenir ? » Vous pouvez également simplifier le processus en notant la chose à faire en plus la prochaine fois. Peu importe, tant que vous créez ce moment de réflexion.

Sans un *feedback* à la fois rapide et lent, il est difficile de changer votre comportement.

Comment vous libérer de vos vieilles peurs

Votre rôle consiste à vous projeter avec courage **dans votre futur.**

#ApprivoisezVotreMonstreDesConseils

Le test réel

Les quatre étapes nécessaires pour apprivoiser votre « monstre des conseils » vous aideront à identifier les schémas fondamentaux du changement difficile que vous souhaitez opérer. Grâce à cette nouvelle perspective, vous pouvez commencer à pratiquer en gardant à l'esprit que non seulement vous faites évoluer l'autre personne, mais également vous-même, en passant de votre présent à votre futur.

Pour bien comprendre les avancées, il est indispensable d'obtenir un *feedback*. Vous devez savoir comment les choses se déroulent. Étant donné que deux éléments changent – votre interlocuteur et vous-même –, il convient de mesurer les progrès et les réussites à deux niveaux. Le premier est relativement évident : avez-vous apprivoisé votre « monstre des conseils » ? Avez-vous fait preuve de curiosité ? En revanche, le second niveau est plus profond.

Votre futur est-il un échec ?

Le second niveau est en réalité un élément essentiel du processus du changement difficile, la quatrième étape de la méthode « Apprivoisez votre "monstre des conseils" ».

Rappelez-vous que ce monstre veut vous faire croire qu'un désastre est imminent chaque fois que vous essayez de changer votre comportement afin de vous rapprocher de votre rôle de manager-coach. Les trois personnages de votre monstre prédisent tous l'échec si vous ne leur donnez pas carte blanche. Le personnage qui considère que si vous ne *dites* pas à votre interlocuteur ce qu'il doit faire estime que ce sera l'échec pour les deux parties. Le sauveur est certain que, si vous ne faites pas preuve de responsabilité concernant tous les aspects envers chaque personne impliquée dans le processus, l'échec collectif est inévitable. Le personnage du contrôle est convaincu que, si vous cessez de faire preuve d'une vigilance sans faille et que si vous relâchez votre emprise, le chaos s'installera et ce sera l'échec pour toutes les parties prenantes. Les inquiétudes du « monstre des conseils » vous maintiennent ainsi dans votre présent.

Ce test analyse les questionnements de votre présent – notamment la crainte que ce nouveau type de comportement, plus proche de celui du manager-coach, conduise à l'échec. Plutôt que de considérer cette inquiétude comme une anxiété tenace, obsédante et inexprimée, il la place au centre du processus d'apprentissage et de changement. Ce test vous aide à dépasser ces craintes pour vous permettre de vous inscrire dans votre futur et de prétendre à des récompenses plus généreuses. De manière paradoxale, en rendant vos peurs réelles et tangibles, vous pouvez vérifier si vos inquiétudes se concrétisent.

Vous trouverez ci-dessous quelques-unes des craintes qui reviennent fréquemment. Votre rôle consiste à identifier celles qui vous semblent fondées et que vous aimeriez tester. En étant précis sur ces craintes, vous pouvez savoir si le désastre que vous avez imaginé se produit ou non lorsque vous expérimentez cette nouvelle manière de diriger.

Soyons clairs, vous cherchez à éviter le désastre et l'échec. Si les choses commencent à déraper, vous pouvez intervenir en donnant des conseils, en proposant des solutions ou autre. Mais gardez à l'esprit qu'une partie de la recette pour agir davantage en manager-coach consiste à *ralentir* la course à l'action et aux conseils. Alors, dans ces moments de crainte, soyez patient. Observez comment les gens s'en sortent et comment *vous* vous en sortez. Vous, comme eux, ferez probablement mieux que vous ne le pensiez. Et lorsque vous atteindrez votre objectif, vous vous positionnerez davantage sur votre propre futur, de même que les collaborateurs que vous dirigez et influencez.

Des mises à l'épreuve pour « dire » les choses

- Si je ne suis pas le premier à apporter une réponse, trouveront-ils une idée intéressante par eux-mêmes, ou sont-ils incapables de proposer la moindre idée ?
- Si je patiente, auront-ils l'idée que je prévoyais de proposer dans tous les cas, ou mes idées ne seront-elles jamais exprimées ?
- Si je n'apporte pas de « valeur ajoutée » en proposant une idée, serai-je toujours respecté dans mon rôle ou devrai-je renoncer à mon statut et à ma reconnaissance ?

Des mises à l'épreuve pour « sauver »

- Si je n'interviens pas pour résoudre le problème, ce dernier sera-t-il résolu ou restera-t-il en l'état ?
- Si je ne joue pas le rôle principal, l'équipe réussira-t-elle ou échouera-t-elle de manière désastreuse ?
- Si je ne décide pas au nom des autres, ces derniers prendront-ils les devants pour assumer la responsabilité de leurs choix ou resteront-ils impuissants et infantilisés ?

Des mises à l'épreuve pour « contrôler »

- Si la conversation évolue dans une direction inattendue et que je ne « rectifie pas le tir », aboutirons-nous à une chose positive ou nous retrouverons-nous dans une impasse ?
- Si nous n'abordons pas ce que je considère comme le plus important, ce point figurera-t-il à l'ordre du jour ou les aspects essentiels ne seront-ils jamais traités ?
- Si j'ai le sentiment de ne pas contrôler totalement la situation, survivrai-je ou devrai-je mettre un terme à ma carrière ?

Faites le test

Il vous semblera relativement simple de faire l'impasse sur cette partie. Cette dernière nécessite une certaine volonté au préalable, la discipline de prendre du recul, de réfléchir à ce qui s'est passé et de savoir dans quelle mesure la situation diffère de vos prévisions. Cependant, si vous ignorez cette phase, vous risquez de passer à côté d'une étape clé de votre apprentissage ; et pas seulement un moment d'apprentissage, mais un moment où vous apprivoisez votre « monstre des conseils ». En effet, c'est en comprenant que le pire ne s'est pas produit que non seulement vous avez survécu, mais que vous vous êtes épanoui, que ces moments deviennent des espaces de liberté par rapport au piège des conseils.

Quel test voulez-vous mettre en œuvre pour vous-même ?

....

....

....

....

....

....

....

Comment mettre en pratique la Masterclass 5

Le pouvoir
du statu quo
est puissant,
de même que
**le caractère
obscur des choses.**

#ApprivoisezVotreMonstreDesConseils

Une proposition que vous ne pouvez pas refuser

L*e Parrain, 3e partie* souffre de la comparaison avec les deux précédents films. Mais l'une des répliques célèbres est celle dans laquelle Michael Corleone (Al Pacino) s'écrie avec frustration et douleur : « Juste au moment où je pensais être éliminé, ils me remettent en selle ! »

Ce ne sont pas seulement les mafiosi qui exercent une forte attraction; c'est tout ce que vous faites déjà. Le pouvoir du statu quo est puissant. Essayez d'imaginer la force du côté obscur, presque noir des choses. Je veux dire que c'est *vraiment* énorme. Nous sommes aux prises avec notre cerveau reptilien, qui aime vraiment le statu quo. « Le changement est déstabilisant, dit-il. Le changement présage de l'échec. Alors, de grâce, laissons les choses *exactement* comme elles ont toujours été. »

En prenant l'habitude de coacher, vous savez que vous serez ramené à vos anciennes méthodes de travail. C'est inévitable. À un certain stade, votre « monstre des conseils » va prendre le contrôle.

Je le répète : il s'agit d'un changement difficile. Si vous subissez à nouveau les affres de votre « monstre des conseils », ne vous en voulez pas. Mais prévoyez un plan.

1. Évitez le syndrome de « l'enfer » : vous avez décidé d'arrêter de manger des glaces. Vous avez tenu bon pendant quelques jours. Mais, à un moment donné, vous vous êtes laissé distraire et vous vous retrouvez aujourd'hui dans la cuisine, avec un pot de glace [indiquez ici votre combinaison de parfums préférée] dans une main et une cuillère dans l'autre. Une cuillère qui a été utilisée. Zut ! Vous avez rompu votre intention. Et, que diable, vous pouvez très bien manger le reste de la crème glacée. Si vous n'avez pas vécu cette expérience, considérez-la comme une métaphore. C'est un schéma bien connu des personnes qui essaient de prendre une nouvelle habitude. Vous commettez quelques écarts... puis vous décidez que le mal est fait, alors, pourquoi ne pas continuer sur votre lancée ?

   Évitez cette situation.

   Le moment viendra, probablement plus tôt que prévu, où vous échouerez. Vous donnerez des conseils alors que vous auriez peut-être pu attendre un peu. Pas de problème. Mais ne vous en servez pas comme d'un prétexte pour laisser échapper votre « monstre des conseils » et vous livrer à un déferlement de conseils. Revenez à la recherche de la curiosité et posez une question.

2. Réapprivoisez votre « monstre des conseils » : il y a une raison pour laquelle les ceintures noires fréquentent le dojo. C'est pour répéter les exercices de base et affiner les cercles. Si vous avez été ramené intentionnellement dans le jeu comme Michael Corleone, sortez de cette spirale. Revenez à la première partie et reprenez le processus du changement difficile.

« Nous ne sommes pas au niveau de nos attentes. Nous restons au niveau de notre formation. »

Ces propos émaneraient d'un Navy SEAL[1] qui aurait légèrement déformé la citation du poète grec Archiloque.

1. Les SEAL, couramment appelés Navy SEALs, sont la principale force spéciale de la marine de guerre américaine, US Navy (*NdlT*).

Vous ne pouvez pas traverser deux fois la même rivière, et vous constaterez des éléments nouveaux sur vous et votre « monstre des conseils ». Ce sera l'occasion de repartir sur de nouvelles bases et de se préparer pour la prochaine conversation.

Samuel Beckett l'a dit assez succinctement, à sa manière pessimiste : « Jamais essayé. Jamais échoué. Peu importe. Essayez à nouveau. Échouez encore. Échouez mieux. » Continuez d'échouer, jusqu'à ce que votre habitude de coaching prenne toute sa dimension.

Partie 3

Prenez l'habitude de coacher

Soyez généreux

Donnez
le meilleur
de vous-même.

Soyez généreux

Le programme de Box of Crayons repose sur six valeurs fondamentales, dont la générosité. Cette dernière dépasse largement l'idée de donner de la matière, même si c'est une bonne chose aussi. Il s'agit plutôt de faire preuve de bienveillance et de tolérance, de percevoir le côté positif d'une situation ou d'une personne.

La générosité est un outil que les coachs expérimentés appliquent en permanence et ce, de trois manières inhabituelles. Si vous intégrez ces méthodes dans votre propre pratique du coaching, vous augmenterez encore l'efficacité de vos conversations.

Soyez à l'aise avec le silence

La première manière d'approfondir est de faire preuve de bienveillance face au silence. Les trois niveaux d'utilisation du silence comme un outil efficace peuvent se résumer de la manière suivante :

- Niveau 1 : vous commencez, comme nous le faisons tous, par une profonde anxiété face au silence. Comblez-le à tout prix ! Luttez ! Remplacez l'obscurité par la lumière et le silence par le bruit !
- Niveau 2 : vous vous apprêtez à expérimenter le silence, mais pendant tout ce temps, vous retenez votre respiration. C'est comme si vous étiez assis sur le bord d'une chaise inconfortable.
- Niveau 3 : vous vous sentez capable de faire preuve d'un silence généreux, que vous considérez comme une source de confort et de chaleur, tel un vieux canapé qui vous enveloppe.

Un tel silence permet à l'autre personne de se retrouver avec elle-même, à vous d'être avec elle, et à la présence de se manifester. Ce répit permet à l'interlocuteur de souffler un peu. Il murmure : c'est un endroit intéressant. Restons ici un moment.

Cela ne doit pas nécessairement durer très longtemps. Parfois, trois à cinq secondes de silence peuvent tout changer dans une conversation de coaching.

Cette forme de silence peut permettre aux idées sensibles d'une conversation de prendre forme et de se développer.

La transparence de la générosité

Le second type de générosité réside dans votre volonté d'être transparent sur le processus et sur ce que vous ressentez à propos de la conversation.

« J'ai respiré
un grand coup
et j'ai écouté
mon vieux cœur
fanfaron.
Je vis, je vis, je vis. »

Sylvia Plath[1]

---

1. Sylvia Plath, née le 27 octobre 1932 à Jamaica Plain, Boston, et décédée le 11 février 1963 à Primrose Hill, Londres, est une écrivaine et poétesse américaine, auteure de poèmes, d'un roman, de nouvelles, de livres pour enfants et d'essais (*NdlT*).

Partagez
vos états d’âme.

Cette fois, vous êtes dans un état de profonde anxiété à propos de ce qui est en train de se passer. Vous ne voulez pas avouer que vous ne maîtrisez pas réellement le processus. Vous faites de votre mieux, mais vous ne vous en sortez que progressivement. Vous ne voulez surtout pas reconnaître que vous vous ennuyez, que vous êtes perplexe ou perdu – ce serait perdre la face et céder aux forces de l'incertitude et du chaos.

Mais, à mesure que vous vous familiarisez avec les outils et maîtrisez certaines questions et pratiques, vous éprouvez le besoin d'« ouvrir le kimono[1] ». Vous auriez la possibilité de partager l'un des points de vue exprimés dans le chapitre « Identifiez le véritable défi ». Vous pourriez admettre que vous étiez distrait et que vous n'avez pas entendu ce que la personne a dit parce que vous pensiez à autre chose. Loin de

---

1. « Ouvrir le kimono », « ouvrir les livres » ou pratiquer la « politique de la porte ouverte » sont des expressions obsolètes et offensantes qui signifient « révéler ce qui est prévu » ou « partager librement des informations importantes » comme le fonctionnement interne d'un projet ou d'une entreprise à une partie extérieure. L'expression « ouvrir le kimono » est devenue populaire dans le monde entier de l'informatique, notamment aux États-Unis où Steve Jobs, le fondateur d'Apple, a utilisé l'expression en 1979 lors d'une visite à Xerox Parc. Il aurait proposé d'autoriser Xerox à acheter 1 million de dollars d'actions Apple s'ils « ouvraient le kimono » sur Xerox Parc. Cette expression et cette rencontre mémorables l'auraient amené à découvrir la souris, et Apple a ensuite lancé la première souris commerciale (*NdlT*).

mener à un désastre, votre aveu semble rendre la conversation un peu plus humaine.

Enfin, vous entrez dans un climat de transparence généreuse. Vous expliquez votre processus tel qu'il se produit – plus besoin de vous cacher derrière le rideau comme *Le Magicien d'Oz*. Plus encore, vous partagez vos états d'âme : je m'ennuie, je suis excité, je suis perplexe, je ne suis pas sûr que cela fonctionne. Au lieu d'assumer toute la responsabilité pour que la conversation réussisse, vous mettez en lumière la situation et vous demandez à votre interlocuteur si c'est vrai pour lui aussi. Et si c'est le cas, comment devrions-nous réagir ? La transparence de la générosité augmente le quotient TERA grâce au renforcement de l'esprit de tribu, des attentes, de la position et de l'autonomie.

La générosité de l'appréciation

La dernière forme de générosité porte sur la manière d'apprécier une personne. Non pas en l'admirant à distance, mais en lui faisant savoir à quel point elle compte. Comme pour la générosité du silence, on distingue ici trois niveaux d'évolution :

- Niveau 1 : cette fois, vous êtes anxieux à propos de l'appréciation. Ne félicitez pas la personne ; elle deviendrait mollassonne et satisfaite d'elle-même ! Au contraire, tapez du poing sur la table !

- Niveau 2 : vous avez envie de tester l'appréciation, et vous vous concentrez principalement sur les résultats obtenus : « Beau travail de présentation », « Bien joué avec le rapport. » Vous donnez un « A – (ou au minimum un B +) » pour récompenser votre interlocuteur.
- Niveau 3 : vous trouvez votre chemin dans une forme de générosité envers votre relation. Vous dialoguez avec la personne et reconnaissez ses qualités, au-delà de ce qu'elle a ou n'a pas accompli. Vous la valorisez. Elle est courageuse, intransigeante, créative, posée, désireuse d'apprendre et d'aller de l'avant, toujours prête à aider, très ouverte d'esprit, humble, optimiste, persévérante et rigoureuse. Vous comprenez l'idée.

POUR ALLER + LOIN

Vous trouverez une liste de termes utiles pour exprimer une appréciation sur le site TheAdviceTrap.com.

Comme c'est formidable de pouvoir lui adresser ce genre de message lorsqu'elle rencontre des difficultés : « Je sais que ça s'est mal passé/c'était difficile/ça avait l'air d'un échec, je tiens seulement à reconnaître votre résilience et votre "capacité à rebondir" quand les choses se compliquent. » « Je sais que nous n'avons pas obtenu le contrat, je souhaite souligner à quel point vous vous êtes préparé à ce revers et je suis convaincu que vous avez donné le meilleur de vous-même. »

Une appréciation généreuse considère la personne en tant que telle, au-delà de ses réalisations.

Quels sont les éléments les plus utiles ou les plus pertinents pour vous dans ce chapitre ?

Avant de passer au chapitre suivant, que retenez-vous de cette partie sur la générosité ? (Soyez généreux quant à vos chances de vous en souvenir, donc notez votre réponse.)

....

....

....

....

....

....

....

Soyez vulnérable

Mettez-vous
au défi
aussi souvent
que possible.

Soyez vulnérable

On dit que, pour être un bon écrivain, il faut être un lecteur. Je pense que c'est vrai. C'est la même chose pour le métier de coach : on devient un bon coach en acceptant d'être soi-même coaché.

Cela va au-delà des avantages directs d'être coaché – ces mêmes avantages que vous offrez aux autres lorsque vous agissez plus comme un manager-coach –, plus concentré, plus courageux et plus résilient. Cette approche renvoie aux principes du leadership : empathie, attention et humilité. Vous comprenez ce que signifie « apprendre ». Vous appréciez le sentiment du moment « ah ! ». Vous faites l'expérience de l'anxiété et des avantages de la vulnérabilité.

Être coaché

Je suis certain que vous vous dites : « Vraiment ? J'ai choisi ce livre pour apprendre à donner un peu moins de conseils. Maintenant, vous insistez pour que je sois vulnérable ? Comment en sommes-nous arrivés à cette situation ? »

Si la vulnérabilité est liée d'une manière ou d'une autre au fait de détenir le pouvoir et de garder le contrôle, l'un des changements vers la vulnérabilité réside dans la volonté *d'être* coaché. Il ne s'agit pas de faire semblant, mais d'accepter d'être ouvert à une ou trois questions percutantes.

J'ai été coaché pendant plus de vingt ans, avant même d'avoir suivi ma première formation en coaching. J'ai consacré la majeure partie de ce temps à éviter d'être coaché. J'en connais les ficelles et, comme je pense et parle vite, je peux facilement faire semblant d'être coaché tout en évitant les points faibles que je veux contourner. C'est un schéma comportemental extrêmement ennuyeux – probablement pour la personne qui essaie de me coacher, mais aussi pour moi. Je le veux sans le vouloir. C'est un exemple de votre « Vous actuel » qui dépasse votre « Vous futur ».

Mais j'ai persévéré et j'ai progressé lentement. Voici les enseignements que j'ai tirés au fil du temps et qui m'ont permis de mieux apprécier le coaching.

Reconnaissez la vérité

Commencez par admettre que vous allez avoir tendance à fuir lorsque vous êtes coaché. Il ne s'agit pas d'une question personnelle, mais de TERA et de votre « monstre des conseils ». Votre cerveau primitif va faire tout son possible pour vous protéger, vous maintenir en sécurité, sans risque et sous contrôle. Lorsque vous êtes coaché, vous êtes incité à aller au-delà de votre manière de penser habituelle, de ce que vous avez accompli jusqu'à présent et de ce que vous avez été dans le passé. Cette démarche est à la fois séduisante et déstabilisante.

« Les futurs leaders sauront poser les questions. »

Peter Drucker[1]

1. Peter Ferdinand Drucker, né le 19 novembre 1909 à Vienne en Autriche, mort le 11 novembre 2005 à Claremont, Californie, États-Unis, considéré comme le « pape du management », est professeur, consultant en management, auteur et théoricien. Il est à l'origine de nombreux concepts utilisés dans le monde professionnel, comme l'esprit d'entreprise et l'innovation systématique (*NdlT*).

Commencez par vous avouer à vous-même les manières dont vous évitez d'être coaché. Vous aurez vos propres schémas et stratégies. Pratiquez-vous la diversion afin de ne pas parler du vrai sujet? Peut-être jouez-vous de votre statut d'expert, de sorte que vous « connaissez » déjà la réponse avant même qu'on vous pose la question. Que diriez-vous de jouer l'impuissant et le malheureux, et de sous-entendre fortement que le rôle du manager-coach est de vous sauver? Il existe une forme de résistance passive, qui consiste à en dire le moins possible et à rester aussi discret que possible. Jouez-vous le rôle du simple témoin qui observe le processus sans vraiment s'y engager?

Le fait de reconnaître votre propre caractère fuyant et évasif constitue un bon début. À présent, confiez-vous à la personne qui pourrait vous coacher, qu'il s'agisse d'une relation formelle ou informelle. Indiquez-lui les stratégies que vous déployez pour éviter d'être coaché. Je connais ce processus sous le terme de « contrat social ». Il s'agit d'une conversation sur la *manière* dont vous voulez collaborer, plutôt que sur le *sujet* sur lequel vous travaillez. C'est une question de relation et de processus plutôt que de contenu. Ces conversations sont embarrassantes au début, mais, comme toute chose, elles deviennent plus faciles avec la pratique. Elles fonctionnent mieux lorsqu'il y a un échange d'informations : posez la question, écoutez la réponse et partagez la vôtre.

Voici quelques questions et phrases de suivi qui pourraient vous être utiles :

- Quand vous avez expérimenté une relation comme celle que nous entretenons en ce moment et qu'elle a bien fonctionné, quelles sont les clés de ce succès ? Qu'avez-vous fait ? Qu'a fait l'autre personne ?
- Quand vous avez vécu une relation comme la nôtre et que l'expérience n'a pas été concluante, pourquoi les choses se sont-elles dégradées ? Qu'avez-vous fait ? Qu'a fait l'autre personne ?
- Comment pourrai-je savoir que vous ne vous montrez pas exactement comme vous le souhaitez dans nos échanges ? Pour éviter les conversations délicates, voici ma méthode.
- Lorsque je remarque que vous évitez les questions épineuses ou que vous êtes légèrement fuyant, que dois-je faire ? Comment devons-nous gérer la situation ? Je vous livre les actions que je vais mener et la manière dont j'aimerais que nous abordions la situation.

Il n'est pas facile de formuler des réponses à ces questions, du moins au début. Quelle que soit la qualité des réponses, la conversation n'en est pas moins fructueuse, car vous parlez de la manière dont vous vous présentez et dont vous allez gérer et, le moment venu, rétablir la conversation. Lorsque je me suis montré particulièrement courageux ou explicite dans ces discussions, j'ai dit des choses comme :

- Je ne suis pas à l'aise avec les conflits, alors, quand les choses tournent mal, je les tolère jusqu'à ce que je finisse par craquer.

- Je suis loyal, ce qui peut être un avantage, mais cela signifie que je ne vous mettrai pas au défi aussi souvent que je le pourrais.
- Je n'aime pas la hiérarchie, alors, je réagis lorsque vous essayez de me « devancer ». Il m'arrive de renoncer à mon propre statut, alors que je devrais au contraire le conserver.
- Je peux vous impressionner avec des idées pour éviter les vérités émotionnelles.
- Je suis capable de « faire semblant d'être d'accord », alors, je dis oui, mais en réalité j'accepte que vous ayez ce point de vue, et non que je sois convaincu par ce dernier.
- J'aime qu'on me mette la pression et qu'on m'oblige à rendre des comptes, même si je semble y résister.

Le coaching
vous encourage
à prendre
la responsabilité
de votre
propre liberté.

Préparez-vous à vous sentir mal à l'aise

Être coaché ne se résume pas à accepter de répondre à une ou deux questions. Certes, c'est le processus, mais il va bien au-delà. Le coaching est un exercice plus vaste, qui nourrit et encourage l'autonomie, l'autosuffisance et ce que Peter Block a appelé « la responsabilité de sa propre liberté ».

Revenons aux propos de Block. Lorsque vous exercez votre pouvoir et assumez la responsabilité de faire des choix, deux émotions se manifestent : l'anxiété, car vous vous demandez si vous avez fait le bon choix, et la culpabilité, car vous dites non à une chose à laquelle vous auriez pu dire oui. Même si vous comparez cette situation à la contrepartie que vous obtenez – ce sentiment d'autonomie, de maîtrise et d'objectif qui, selon Daniel H. Pink, est fondamental pour faire preuve d'engagement au travail et dans la vie personnelle –, vous vous sentez mal à l'aise.

Pratiquez l'autocoaching

Vous n'avez pas besoin de quelqu'un d'autre pour vous poser des questions de coaching ; vous pouvez vous les poser à vous-même. Plus vous aurez d'occasions de répondre à des questions qui vous font réfléchir et vous apportent de nouvelles idées sur vous-même et sur la situation présente, plus vous serez à même d'être coaché.

Cette démarche exige une certaine discipline, car les conversations dans votre propre tête peuvent être délicates. Vous posez la question avec la ferme intention d'y répondre, mais vous pouvez rapidement vous éloigner de la voie de la lucidité et vous perdre en chemin, pour vous retrouver dans une impasse sans intérêt. Au contraire, pensez à noter vos réponses aux questions que vous vous posez. Il existe d'innombrables articles et autres sources qui prônent le pouvoir du *journaling*[1]. Finalement, vous n'avez besoin que d'un stylo, de papier et de la volonté pour consacrer un peu de temps à la réflexion et à la rédaction.

Façonnez votre environnement

Il est courant de sous-estimer l'impact de l'environnement sur l'élaboration et le maintien des changements de comportement. Tirez-en parti. Le fait de décider de l'endroit où se déroulera le coaching fera la différence. Si vous avez de la chance, ou si le moment est bien choisi, vous pourrez alors opter pour un espace spécifique qui vous préservera non seulement des sources de distraction, mais aussi des attentes que vous vous êtes vous-même fixées. Si je suis installé à mon bureau où se trouve mon ordinateur portable et sur lequel je réponds généralement à mes e-mails, mon corps et mon cerveau sont prêts

---

1. Le *journaling* est un processus guidé, destiné à l'intégration des apprentissages sous forme de journal de bord. Il vise à ancrer – lors des phases de retour sur soi ou d'échanges – les informations, les découvertes pratiques et théoriques, l'expérience, ses propres questions et ses compréhensions (*NdlT*).

à me dire : « Fais-le, passe à l'action ! » Lorsque je me fais coacher, souvent au téléphone ou à distance, je m'éloigne délibérément de mon bureau. Je veux me mettre dans un état d'esprit favorable à la réflexion et à la non-action. En général, je me déplace en marchant dans les locaux de l'entreprise. Le fait de bouger m'aide à parler et à réfléchir.

Faites le bilan avec vous-même dès le début du processus

Il s'agit d'une tactique un peu plus facile à mettre en œuvre, lorsque vous savez qu'une conversation va avoir lieu et que vous pouvez choisir, en connaissance de cause, la manière dont vous allez vous présenter. Si cette technique vous convient, vous pouvez également l'appliquer immédiatement : dès que vous entamez une conversation, vous pouvez vous accorder quelques secondes pour assurer votre succès. Vous devez considérer cette méthode comme un rituel préalable à un jeu destiné à vous mettre dans les meilleures dispositions, et qui constitue un autre exemple de préparation.

Répondez à deux ou trois questions qui vous invitent à donner le meilleur de vous-même, quelle que soit la définition que vous choisissez d'en donner. Il n'est pas nécessaire d'y répondre de manière compliquée. En effet, vous pouvez vous attribuer un score compris entre, disons, 1 (« pas du tout ») et 7 (« totalement engagé »). Voici quelques questions que j'ai trouvées utiles :

- Dans quelle mesure envisagez-vous d'être actif et engagé ?

- Dans quelle mesure prévoyez-vous de prendre des risques ?
- Dans quelle mesure êtes-vous prêt à montrer le désordre ?
- Dans quelle mesure avez-vous l'intention de faire preuve de vulnérabilité ?
- Dans quelle mesure êtes-vous engagé à atteindre la meilleure version de vous-même ?

Coacher et être coaché

Vous l'avez probablement compris, mais permettez-moi de le rappeler : toutes ces tactiques qui vous aideront à devenir un meilleur coaché, qui vous mettront dans une position de plus grande vulnérabilité et vous permettront de mieux tirer parti de la conversation de coaching sont également des techniques que vous pouvez adopter lorsque vous agissez en tant que manager-coach.

Quels sont les éléments les plus utiles ou les plus pertinents pour vous à propos de la vulnérabilité dans ce chapitre ?

L'ensemble de ce chapitre a porté sur le fait d'être ouvert à l'apprentissage. Voici donc comment vous pouvez agir immédiatement sur ce point. Notez simplement l'idée la plus utile pour vous.

....

....

....

....

....

....

....

Soyez un apprenant

La meilleure
année **de
votre vie !**

N'abandonnez pas maintenant

J'ai la chance de connaître de nombreux experts et acteurs formidables dans le monde du coaching, du leadership et du changement comportemental. Ces derniers ont écrit des livres que j'aurais aimé écrire, entrepris un changement que j'aurais aimé entreprendre ou pris une position que j'aurais aimé prendre.

J'ai demandé à 52 de ces personnalités de partager avec vous une séquence vidéo d'une durée de six minutes environ. Vous recevrez les sessions une fois par semaine tout au long de l'année prochaine, et vous serez encouragé, sollicité, mis au défi et soutenu grâce à leurs contributions. Nous l'appelons « la meilleure année de votre vie ». Parmi les professeurs prestigieux habituels figurent des auteurs de best-sellers du *New York Times*, des boursiers Rhodes[1], des cadres supérieurs, des

1. Les bourses Rhodes sont des bourses universitaires qui permettent à ses récipiendaires d'étudier à l'université d'Oxford, gracieusement

professeurs de Harvard et des conférenciers TED[1]. Ce panel comprend également des leaders moins reconnus, des designers et des ambassadeurs d'organisations sociales.

Il s'agit d'un groupe éclectique d'enseignants intelligents et provocateurs que j'ai le plaisir de vous présenter. Ils sont brillants chacun à leur manière. Ensemble, ils incarnent l'excellence !

pendant un, deux ou trois ans. Ces bourses ont été créées en 1902, conformément au testament du Britannique Cecil John Rhodes (1853-1902), dans lequel il précisait qu'aucun étudiant ne doit être discriminé pour l'obtention d'une bourse d'études en raison de sa race ou de ses opinions religieuses (*NdlT*).

1. Les conférences TED sont des conférences organisées au niveau international par la fondation à but non lucratif nord-américaine The Sapling Foundation. Elles ont été créées en 1984 par Richard Saul Wurman à New York avec le slogan : *Ideas worth spreading* (« Des idées qui valent la peine d'être diffusées »), (*NdlT*).

SUSAN CAIN, auteure de *La Force des discrets* • **MICHAEL HYATT**, *New York Times*, auteur de best-sellers • **LIZ WISEMAN**, auteure des *Multiplicateurs* • **NEIL PASRICHA**, auteur de *The Happiness Equation* • **DEBBIE MILLMAN**, animatrice du podcast *Design Matters* • **AUSTIN KLEON**, auteur de *Voler comme un artiste* • **WHITNEY JOHNSON**, auteure de *Disrupt Yourself* • **LAURA GASSNER OTTING**, auteure de *Limitless* • **SHANE PARRISH**, animateur du podcast *The Knowledge Project* • **SANYIN SIANG**, PDG, coach et consultante • **DORIE CLARK**, auteure de *Entrepreneurial You* • **KRISTEN HADEED**, auteure de *Permission to Screw Up* • **DR JASON FOX**, auteur of *How to Lead a Quest* • **MARVA SADLER**, COO, Coaching.com • **MARSHALL GOLDSMITH**, coach et auteur spécialisé en leadership exécutif • **PHIL M. JONES**, auteur de la série *Exactly What to Say* • **ERICA DHAWAN**, auteure de *Get Big Things Done* • **DOLLY CHUGH**, auteure de *The Person You Mean to Be* • **RICH LITVIN**, fondateur de 4PC • **DR ELIZABETH KISS**, PDG, The Rhodes Trust • **DAN PONTEFRACT**, auteur de *The Purpose Effect* • **ALEXANDER OSTER WALDER**, cofondateur du Business Model Canvas • **RYAN HAWK**, animateur du podcast *The Learning Leader Show* • **RUBEN CHAVEZ**, fondateur de ThinkGrowProsper • **RAHAF HARFOUSH**, directrice exécutive, Red Thread Institute of Digital Culture • **PAT FLYNN**, fondateur de Smart Passive Income • **BOBBY HERRERA**, auteur de *The Gift of Struggle* • **LISA CUMMINGS**, fondatrice de Lead Through Strengths • **PRIYA PARKER**, auteure de *The Art of Gathering* • **DAVE STACHOWIAK**, animateur du podcast *Coaching for Leaders* • **DESIREE ADAWAY**, directrice, The Adaway Group • **JIM KNIGHT**, auteur de *Instructional Coaching* • **KATHLEEN WILSON-THOMPSON**, vice-présidente exécutive & DRH monde, Walgreens Boots Alliance • **DARRYL SLIM**, coach, Diné Wellness Educator • **AMY WHITAKER**, auteur de *Art Thinking* • **CY WAKEMAN**, auteure de *No Ego* • **KEVIN KRUSE**, auteur de *Great Leaders Have No Rules* • **FIONA MACAULAY**, fondatrice de WILD (Women Innovators and Leaders Network) (réseau de femmes dirigeantes) • **MARK BOWDEN**, auteur de *Winning Body Language* • **PATTY MCCORD**, auteure de *Powerful* • **LEANA WEN**, auteure de *When Doctors Don't Listen* • **EDGAR SCHEIN** & **PETER SCHEEN**, auteurs de la série *Humble leadership* • **EDDY ROBINSON**, conféren-

52

ENSEIGNANTS

LA MEILLEURE ANNÉE DE VOTRE VIE !

Toutes les sessions sont disponibles sur le site TheAdviceTrap.com.

cier et auteur autochtone • **RYDER CARROLL**, créateur de la méthode « *Bullet Journal* » • **JILL MURPHY**, coach, Box of Crayons • **DR SIMONE AHUJA**, coauteure de *Disrupt-It-Yourself* • **ASHEESH ADVANI**, PDG, Junior Achievement Worldwide • **FRANCESCA GINO**, auteure de *Rebel Talent* • **CINNIE NOBLE**, auteure de *Conflict Management Coaching* • **JENNIFER PAYLOR**, responsable de la formation, de la gestion des talents et de la culture, Capgemini, Amérique du Nord • **JERRY COLONNA**, auteur de *Reboot* • **KIM SCOTT**, auteure de *En toute franchise.*

Soyez un donneur de conseils

Si vous donnez
des conseils,
faites-le bien.

Il ne s'agit pas de coacher en permanence

Depuis le début de ce livre, je ne cesse de vous dire : « Ralentissez la course aux conseils. » Ce qui ne veut pas dire : « Ne donnez jamais de conseils. » Il y a un moment, un lieu pour donner des conseils et, quand vous devez le faire, je tiens à ce que vous le fassiez bien (quelle ironie !). Je vous propose quatre méthodes pour donner un bon conseil, de la bonne manière et au bon moment :

Définissez-le

Commencez par identifier les moments opportuns pour donner un conseil. Parfois, la formule « question-réponse » convient parfaitement. Lorsque quelqu'un vous demande : « Où puis-je trouver ce fichier ? », il est préférable de lui répondre plutôt que de lui demander d'identifier son véritable défi. Quand la situation relève de votre responsabilité – assurez-vous que c'est bien le cas et que votre personnage du contrôle ne vous dit pas seulement ce que vous voulez entendre –, vous devez prendre la décision qui s'impose.

Minimisez-le

Quand le chef fait une suggestion, que se passe-t-il exactement ? Tout le monde acquiesce, prend note de la « suggestion » et convient que c'est la bonne chose à faire. Bien sûr, j'exagère un peu, mais à peine.

Apprendre à modérer votre confiance dans la manière dont vous présentez votre idée permet de diminuer la pression. Vous réduisez également la pression sur l'autre, qui doit dire oui. Et vous n'êtes pas obligé d'avoir l'idée la plus pertinente, la meilleure ou la plus efficace.

Voici quelques phrases éprouvées que vous pouvez ajouter avant tout conseil, et qui contribuent à atténuer la tendance qui consiste à dire : « Puisque je le dis, cela doit être juste. »

- Voici mon avis...
- Je peux me tromper...
- Je ne suis pas certain que cela fonctionne/soit utile/une option...
- Ce n'est qu'une idée/option/réflexion...
- Il est possible que je sois complètement hors sujet...

Donnez-le

Lorsque le moment est idéal pour donner un conseil, faites-le avec audace. Si besoin, argumentez avec une phrase comme : « Permettez-moi de vous donner un conseil. » Soyez bref, clair et sans détour. Assurez-vous que la personne comprend que vous lui avez donné un conseil.

Évaluez-le

Enfin, évaluez la portée de votre conseil. Va-t-il être utile ? Va-t-il permettre de résoudre le problème ? Voici quelques exemples de phrases que vous pouvez utiliser :

- Ce conseil répond-il à vos attentes ?
- Ce conseil correspond-il à ce que vous souhaitiez ?
- Ce conseil vous semble-t-il être le bon conseil ?
- Ce conseil suscite-t-il de nouvelles idées pour vous ?

Donner des conseils : une composante clé du leadership

En 2000, Daniel Goleman a écrit un article fondateur pour la *Harvard Business Review*, intitulé « Leadership That Gets Results », dans lequel il partage ses recherches qui montrent qu'il existe six styles de leadership différents. Chaque style correspond à un moment et à un lieu précis, et chacun présente des avantages et des inconvénients. Le coaching est la compétence du leadership la moins utilisée, même si elle constitue le moteur principal de la culture, de l'engagement et des résultats. C'est la raison pour laquelle je tiens absolument à ce que vous adoptiez un style plus proche de celui du management fondé sur le coaching.

Mais le coaching représente un seul style de leadership parmi six. Trois des autres peuvent être associés au fait de donner des conseils : le style coercitif, le style directif et le style autoritaire. Et s'il est intéressant de noter que les deux premiers produisent un effet négatif sur la culture d'entreprise, donner des conseils fait néanmoins partie intégrante de la palette de tout leader/manager digne de ce nom. Mais si vous devez le faire, faites-le bien.

Permettez-moi de vous donner un conseil : notez ci-dessous les points de ce chapitre qui vous semblent utiles.

Je suis convaincu que vous avez compris ce que je viens de vous expliquer.

....

....

....

....

....

....

....

Conclusion

Soyez prêt à vous mettre à nu

J'ai fait des études de droit en Australie. Honnêtement, je n'étais pas doué pour cette discipline. En général, le sujet ne m'intéressait guère et, pour comprendre les tenants et les aboutissants, je suis parti étudier à l'université d'Oxford en tant que boursier Rhodes, alors que j'étais poursuivi en justice par l'un de mes professeurs de droit pour diffamation. C'est une longue histoire, et c'était amusant pour moi de voir mon université se faire des nœuds au cerveau à mon sujet (Il est mauvais ! Il est bon !).

Ce qui était *génial* à la faculté de droit, c'était la revue juridique. Chaque année, un groupe d'étudiants se réunissait et présentait un spectacle humoristique sous forme de chansons et de sketches : la version Canberra des Cambridge Footlights[1].

1. Le Cambridge University Footlights Dramatic Club, couramment appelé « Footlights », est un club de théâtre amateur fondé en 1883 et géré par des étudiants de l'université de Cambridge en Angleterre (*NdlT*).

Toutes ces années, j'ai participé à de nombreux sketches : des juges dansant le cancan – un Premier ministre australien chantant une version de *I Am the Very Model of a Modern Major-General,* de Gilbert et Sullivan. Mais le clou du spectacle était le défilé synchronisé d'hommes nus : un mix entre la natation synchronisée et la revue masculine *Thunder from Down Under*. Mon ami Simon (aujourd'hui PDG d'une entreprise de la Silicon Valley) et moi sommes montés nus sur la scène – les fesses bien visibles ou, devrais-je dire de manière provocante, orientées vers le public –, avons pris des poses suggestives qui ont suscité des commentaires pleins de sous-entendus. Je suis ravi que cela se soit passé avant YouTube. Vous devriez probablement l'être aussi.

Je peux affirmer que je n'ai plus jamais ressenti la même montée d'adrénaline que la première fois où j'ai quitté mon peignoir pour monter sur scène. C'était à la fois terrifiant et intense. Je me souviens encore du silence absolu du public avant qu'il n'éclate de rire.

Le souvenir de ce moment est si vif, si physique, que j'utilise cette expression – *nu sur scène* – comme une valeur personnelle. Elle nous rappelle que nous devons accepter le défi, la provocation, l'humour dans l'instant présent et garder à l'esprit que la limite n'est probablement pas la limite en soi.

À présent, c'est à vous de vous mettre à nu, pas au sens propre du terme, bien sûr.

Mais l'invitation de ce livre consiste à franchir les limites de la personne que vous êtes aujourd'hui, à prendre votre respiration et à vous diriger vers votre futur. C'est l'occasion de modifier votre manière de diriger afin de changer votre équipe, votre organisation et, peut-être le plus important, vous-même. Développez votre pratique du coaching, évitez le piège des conseils et apprivoisez votre « monstre des conseils ».

Est-ce le moment de se quitter ? Allez-vous ranger ce livre sur une étagère ? J'espère que non.

Merci d'avoir pris le temps de lire ce livre – tout le monde ne le lit pas entièrement. Avant de le ranger sur une étagère, vous disposez de quelques pistes pour continuer d'apprendre et de développer votre pratique du coaching.

1. Une manne de génialité en prime. Les pages suivantes vous suggèrent des livres, des podcasts et des vidéos qui pourraient vous être utiles. Si vous estimez pertinent de bénéficier de suggestions sélectionnées parmi les meilleures sources sur le leadership et d'autres sujets, lancez-vous dès aujourd'hui.
2. Approfondissez la compréhension de votre « monstre des conseils ». Rappelez-vous que la partie « Comment apprivoiser votre "monstre des conseils" » contient deux outils dont vous pouvez tirer le meilleur parti : un questionnaire pour vous aider à comprendre quel personnage du « monstre des conseils » se manifeste le plus souvent dans votre cas, et un

processus simplifié – une vidéo et une fiche pratique – pour travailler sur le procédé d'apprivoisement. Vous retrouverez ces informations sur mon site MyAdviceMonster.com.

3. Maîtrisez le concept de leadership. Dans les pages précédentes, je vous ai parlé du programme de leadership sur un an auquel participent 52 enseignants passionnés, provenant d'horizons différents. Je suis très fier du panel que j'ai réuni : des célébrités ou non, des universitaires, des écrivains et des praticiens. Je vous recommande vivement de vous inscrire à ce programme sur le site TheAdviceTrap.com.

Merci pour le travail que vous accomplissez et pour la personne que vous représentez dans ce monde.

Michael

Une manne de génialité en prime

Double-cliquez

Nous sommes tous habitués à double-cliquer pour approfondir les sujets qui nous intéressent. Au fil de ce livre, je vous ai présenté les éléments que je considère comme essentiels pour donner moins souvent des conseils et se rapprocher du rôle de manager-coach. Mais si vous êtes curieux de savoir ce qui se cache derrière, voici quelques pistes à explorer.

La première section est idéale pour tous ceux qui se demandent « comment mieux relier le coaching aux résultats de l'entreprise ». Elle donne accès à huit essais rédigés tout spécialement pour ce livre par des leaders exceptionnels qui nous révèlent la manière dont ils ont transformé le coaching en un concept qui va bien au-delà des « simples ressources humaines ». La deuxième partie présente les derniers ajouts sur « l'étagère supérieure de ma bibliothèque », dont mes préférences pour les meilleures lectures dans une certaine catégorie. La dernière partie est consacrée à Box of Crayons Lab, qui contient des références et des informations sur des études qui confirment la théorie et la pratique dévoilée dans cet ouvrage.

Histoires vraies

Il y a toujours un certain décalage entre ce qui est écrit dans un livre et ce qui se passe dans la vie réelle. J'ai demandé à mes quelques dirigeants préférés, champions du coaching dans leur organisation, de partager leurs connaissances sur la manière dont le coaching contribue à la réussite des entreprises. Vous pouvez consulter l'intégralité de ces articles sur le site TheAdviceTrap.com.

Si vous êtes intéressé par le coaching en tant que facteur de changement organisationnel

COACHING ET CHANGEMENT
Les aspects négligés et mal compris
Facteur de la transformation digitale

Michael J. Leckie, ancien responsable de la formation, responsable de la transformation digitale, Ge :

> Un ami et collègue m'a récemment fait remarquer que le problème de cette transformation digitale est que nous vivons dans un monde de « systèmes numériques de la cinquième génération et de systèmes humains de la deuxième génération » !

COACHING ET INNOVATION
Arrêtez de dire aux gens ce qu'ils doivent faire !

Rachel Dale, *Head of Leader Development*, Sky :

> Comment inciter l'ensemble d'une équipe à faire preuve d'innovation ? En réalité, une seule personne doit prendre l'initiative de changer les habitudes de son organisation : le patron. Ce dernier doit abandonner le réflexe qui consiste à venir à la rescousse avec des conseils et des décisions. Il doit passer de l'habitude de « dire » à celle de « poser des questions » et faire preuve d'une curiosité plus marquée.

COACHING ET TRANSFORMATION
Comment prouver que le coaching fonctionne

Andrea Wanerstrand, coach en leadership, Microsoft Worldwide Learning :

> Si vous investissez dans le développement des capacités de coaching, comment pouvez-vous savoir qu'un changement de comportement s'est réellement produit ? C'est la fameuse et délicate question. Qu'est-ce qui a changé ? Et cela en valait-il la peine ?

Si vous êtes intéressé par le renforcement des capacités organisationnelles

COACHING ET AGILITÉ
Une compétence de niveau supérieur : le coaching comme fondement d'une culture agile

Tricia Gorton, directrice du développement des talents, DTCC :

> Il y a quelques années, nous avons eu une révélation qui a complètement bouleversé notre approche. Nous avons compris que le coaching constituait une compétence de niveau supérieur. Une fois le concept maîtrisé, pratiqué et intégré, les commentaires, la délégation et une multitude d'autres compétences du leadership en découlaient naturellement et plus facilement.

COACHING ET PERFORMANCE DES VENTES
L'effet combiné d'une meilleure prise de décision

Glen Lally, directeur des ventes, Google :

> Après cinq ou six ans en tant que manager, j'ai soudainement saisi que j'avais mal compris le principe du coaching. En effet, on ne coache pas pour coacher. On coache pour améliorer les résultats et faciliter la prise de décision. Cela a tout changé.

COACHING ET IMPACT
Coaching pour les pilotes du chaos

Courtney Hohne, *storyteller*[1], et Amy Armstrong, leadership et développement organisationnel, X, The Moonshot Factory :

> Un article publié dans la *Harvard Business Review* définit les pilotes du chaos comme des individus capables de gérer de manière créative un projet dans un contexte d'incertitude. Ces derniers ont la « capacité de créer une structure dans le chaos et d'agir. Les leaders adeptes du chaos sont capables de faire avancer une équipe sur un projet, même dans un environnement instable ». Cette définition pourrait correspondre à la description des qualités requises pour devenir un « *X-er* ».

Si vous êtes intéressé par le rôle des leaders expérimentés dans la promotion de la culture

COACHING ET CULTURE
Le cercle vertueux du coaching, valeurs et culture

Garry Ridge, PDG, WD-40 Company :

> Lors d'une récente réunion, l'un de nos leaders tribaux[2] n'était pas au mieux de sa forme, son comportement perturbait la

1. Le *storyteller* conçoit et met en forme des histoires courtes, des textes et des récits interactifs pour créer une émotion autour d'une marque, d'un produit, d'un service ou d'un événement (*NdlT*).

2. Les leaders tribaux travaillent pour le bien du groupe, et non pas pour eux-mêmes. Ils sont récompensés par la loyauté, leur travail acharné,

> réunion et donnait un ton négatif à l'ensemble du groupe. Grâce à nos valeurs et à notre culture du coaching, nous avons réussi à transformer ce moment en « moment de coaching » plutôt qu'en « moment de discipline ».

COACHING ET LEADERSHIP

Une pratique quotidienne

Carrie Willetts, directrice de l'hôpital communautaire, WellSpan Ephrata, en Pennsylvanie, États-Unis :

> L'organisation ne peut pas progresser si le dirigeant, dont le rôle est de définir la culture et de déployer la stratégie, gaspille toute son énergie à décider quelles chaises doivent être utilisées dans les chambres des patients pour les visiteurs, ou comment un cadre infirmier doit planifier les horaires des membres de l'équipe.

---

l'innovation et la collaboration. La tribu produit un résultat de meilleure qualité en un temps plus court (*NdlT*).

Les meilleurs ouvrages

C'est une période extraordinaire pour travailler dans le secteur des spiritueux (soyez patient, vous allez comprendre). Quelle que soit votre préférence – la mienne se porte sur le bourbon, mais c'est également vrai pour le gin et la vodka –, des marques fabuleuses apparaissent chaque jour dans les rayons. Nous assistons à un véritable déferlement de marques de spiritueux, et j'adore découvrir les nouveautés.

Dans *10 minutes pour coacher ses collaborateurs*, j'ai parlé de mes ouvrages de management de référence, des livres qui traitent du développement des habitudes, du changement, de la stratégie ou de tout autre sujet pour lesquels j'ai dit : « C'est un livre à garder. » Tous ces ouvrages sont disponibles sur le site boxofcrayons.com/the-coaching-habit-book/.

Mais c'était il y a quatre ans. De nouveaux livres sur le monde des affaires sont publiés tous les jours. Certains ont-ils fait la différence depuis ? Eh bien, tout comme j'ai de nouvelles bouteilles de bourbon dans mes placards, j'ai aussi de nouveaux livres sur mon étagère. En voici douze que j'ai vraiment appréciés.

(Je sais que vous pouvez trouver l'inspiration dans d'autres sources comme les podcasts, YouTube ou auprès de votre ami du café du quartier. Toutes sont excellentes, mais je préfère vraiment un bon livre.)

Réflexions sur le changement organisationnel

Si vous ne pouviez lire qu'un seul livre qui prouve l'importance du coaching en tant que compétence du leadership :

JIM CLIFTON ET JIM HARTER, *IT'S THE MANAGER*

Ce sont les spécialistes de l'institut Gallup, donc tout ce qu'ils disent est étayé par une multitude de données. Ils ont découvert que la qualité des managers et des responsables d'équipe constitue le principal facteur de réussite d'une organisation, et que le coaching est une compétence essentielle. Bingo !

Si vous ne pouviez lire qu'un seul livre sur la manière d'apporter des changements dans les organisations :

DR JASON FOX, *HOW TO LEAD A QUEST*

Jason est brillant et excentrique au possible, mais dans le bon sens du terme. Il vous aide à affronter les « démons du destin » en traduisant les dernières découvertes scientifiques en matière de complexité et de psychologie dans les aventures quotidiennes. Une newsletter qui mérite d'être suivie.

Si vous ne pouviez lire qu'un seul livre sur la manière de mettre le statu quo au défi dans le monde du travail :

JASON FRIED ET DAVID HEINEMEIER HANSSON, ***ARRÊTONS DE BOSSER COMME DES FOUS !***

Jason et David sont les fondateurs de Basecamp[1] et, depuis plusieurs années, ils défendent la conception de lieux de travail intelligents, centrés sur l'humain et libérés de la bureaucratie. Ce livre foisonne d'idées et de suggestions passionnantes, tirées de l'expérience d'une entreprise de taille modeste, spécialisée dans la technologie numérique et bénéficiant d'une assise financière solide.

Réflexions sur l'efficacité des équipes

Si vous ne pouviez lire qu'un seul livre sur ce qu'il faut dire et à quel moment :

PHIL M. JONES, ***EXACTLY WHAT TO SAY***

Ce livre se lit rapidement ; il est empreint de sagesse et, même s'il est présenté comme un livre sur les ventes, ses idées dépassent largement cet aspect. Particulièrement génial en version audio, il est disponible sur la plateforme Audible d'Amazon.

---

1. Basecamp, anciennement 37signals, est une entreprise de logiciels américaine, créée en 1999, dont le siège social est situé à Chicago. Le principal produit de la société est Basecamp, un outil web de gestion de projets lancé en 2004 (*NdlT*).

Si vous ne pouviez lire qu'un seul livre sur la manière de dire des choses délicates, de façon appropriée :

KIM SCOTT, ***EN TOUTE FRANCHISE***

Ce livre est le parfait pendant de *10 minutes pour coacher ses collaborateurs* et du *Guide de l'anti-manager*. Il qualifie brillamment d'« empathie dévastatrice » le fait de ne pas donner de commentaires pour éviter de heurter les sensibilités et vous propose des moyens pratiques de vous débarrasser de cette mauvaise habitude.

Si vous ne pouviez lire qu'un seul livre sur la meilleure méthode de résolution de problèmes :

CHARLES CONN ET ROBERT MCLEAN, ***BULLETPROOF PROBLEM SOLVING***

J'ai rencontré Charles lorsqu'il était directeur de Rhodes House[1], il est généreux et brillant à souhait. Ce livre vous rend immédiatement plus intelligent et il est admirablement structuré.

---

1. Rhodes House fait partie de l'université d'Oxford en Angleterre. Située au sud de South Parks Road dans le centre d'Oxford, elle a été édifiée en hommage à Cecil Rhodes, un ancien élève de l'université et un bienfaiteur majeur (*NdlT*).

Si vous ne pouviez lire qu'un seul livre sur la meilleure façon d'accueillir et de réunir des gens formidables :

PRIYA PARKER, ***THE ART OF GATHERING***

L'art de réunir des individus, de créer et de maintenir délibérément l'espace nécessaire pour qu'ils réalisent de grandes choses est une compétence inestimable, que vous organisiez une fête ou un atelier de réflexion sur la stratégie. Priya a également participé à une excellente conférence TED.

Réflexions sur l'efficacité personnelle

Si vous ne pouviez lire qu'un seul livre sur les habitudes :

JAMES CLEAR, ***UN RIEN PEUT TOUT CHANGER***

Le Pouvoir des habitudes, de Charles Duhigg, est la crème des livres sur le changement comportemental : drôle, bien écrit, astucieusement documenté et intemporel. Le livre de Clear reprend les bases posées par Duhigg et élabore des stratégies bien précises et susceptibles de changer votre vie pour le meilleur. Sa newsletter hebdomadaire vaut également la peine d'être consultée pour la qualité de ses articles.

Si vous ne pouviez lire qu'une seule trilogie sur la curiosité et l'humilité :

EDGAR SCHEIN ET PETER SCHEIN, ***L'ART DE POSER HUMBLEMENT DES QUESTIONS*, *HUMBLE CONSULTING* ET *HUMBLE LEADERSHIP***

Tous ces ouvrages incarnent le message qu'ils transmettent. Edgar est un excellent professeur, qui m'a beaucoup appris. À mon avis, ces trois titres ne forment qu'un seul et même concept.

Si vous ne pouviez lire qu'un seul livre sur la résilience :

AUSTIN KLEON, ***KEEP GOING***

Ce livre est le troisième d'une série qui a commencé avec *Voler comme un artiste*. Les travaux de Kleon font preuve de sagesse et de finesse, et constituent une source d'inspiration permanente : une autre newsletter à laquelle il faut s'abonner.

Si vous ne pouviez lire qu'un seul livre sur la manière de vivre une vie choisie :

NEIL PASRICHA, ***YOU ARE AWESOME***

J'ai l'occasion de côtoyer Neil puisqu'il est également installé à Toronto. À ce jour, il s'agit de son meilleur livre, qui combine la célébration et la perspective originale des premiers livres de sa série *Awesome* avec les travaux de recherche et la rigueur de son ouvrage *The Happiness Equation*.

Si vous ne pouviez lire qu'un seul livre sur le fait de se sentir plus optimiste dans la vie :

HANS ROSLING, ***FACTFULNESS : PENSER CLAIREMENT, ÇA S'APPREND !***

J'ai découvert Hans dans ses formidables conférences TED. Ce livre, écrit au moment de son décès, est une célébration de l'optimisme fondé sur les données. Il est à la fois déconcertant et réjouissant de constater le nombre d'hypothèses erronées dont nous disposons sur l'état du monde.

Box of Crayons

Page 25 : la curiosité comme élément clé du leadership

Les travaux de Liz Wiseman se concentrent sur les « multiplicateurs », ces leaders qui utilisent leur intelligence pour accroître les capacités et le potentiel des autres. Elle m'a expliqué que, « lorsque ces personnes entrent dans une salle, des étincelles jaillissent dans la tête des gens, les idées fusent et les problèmes sont résolus ». Ce sont des leaders qui incitent les collaborateurs à se dépasser pour obtenir des résultats supérieurs aux attentes. Quelle est l'importance de la curiosité en tant que comportement fondamental de cette catégorie de leader ? La réponse de Liz est si pertinente que je me dois de la citer dans son entièreté :

> Sur les quarante-huit comportements que j'ai évalués chez les leaders multiplicateurs et les leaders diminueurs[1], j'ai constaté que la curiosité intellectuelle était la caractéristique qui

1. Après avoir analysé les données de plus de cent cinquante dirigeants, l'experte en leadership Liz Wiseman a identifié cinq disciplines qui distinguent les « leaders multiplicateurs » des « leaders diminueurs ». Ces cinq disciplines sont des compétences relationnelles, organisationnelles et managériales à la portée de tous et qui peuvent produire un réel impact sur la performance et la rentabilité d'une entreprise (*NdlT*).

distinguait le plus les leaders multiplicateurs des leaders diminueurs. Les leaders multiplicateurs ont obtenu des résultats deux fois supérieurs de la part des membres de leur équipe à ceux des leaders diminueurs. Lorsque des dirigeants d'entreprise me demandent ce qu'ils peuvent faire pour attirer des leaders multiplicateurs, je leur réponds : « Recrutez des individus dotés d'une forme de curiosité intellectuelle », car les autres composants du leadership, comme le fait de poser des questions pertinentes, écouter, coacher et stimuler les autres, découlent tous de cette curiosité. Cette dernière constitue le fondement des bons comportements de leadership.

Page 43 : miam-miam... de la guimauve !

Le test de la guimauve est un exemple de test psychologique qui a échappé au cadre académique pour entrer dans l'imagination du public. On peut se divertir pendant des heures sur YouTube en regardant des enfants fixer leur guimauve et essayer de résister à la tentation. Il s'avère que ceux qui réussissent l'exercice ont plus de chances de connaître des réussites dans différents domaines : meilleures notes, meilleurs emplois, meilleurs salaires, etc.

Toutefois, des études récentes montrent que le test de la guimauve n'est pas tout à fait ce qu'il est censé représenter. En effet, il ne tient pas vraiment compte de la classe sociale et de la situation économique. Autrement dit, les enfants riches et en bonne santé ont plus de chances de résister à la tentation que les enfants moins favorisés et sans doute sous-alimentés. Vous trouverez un résumé drôle et objectif dans le remarquable podcast *The Anthropocene Reviewed* de John Green (épisode « Proms and the Marshmallow Test »), ainsi qu'une explication plus détaillée dans le podcast tout aussi excellent *You Are Not So Smart* (épisode 154, « The Marshmallow Replication »).

Page 90 : pourriez-vous patienter juste une seconde ?

Nous savons qu'une prise de décision appropriée exige une sélection attentive, ce qui signifie que vous devez « double-cliquer » sur les informations pertinentes pour la tâche tout en réussissant à éliminer les distractions provoquées par des stimuli sans intérêt, néanmoins tentants. Ce n'est pas facile, et les erreurs de décision sont fréquentes parce que nous recueillons des éléments tangibles avant même que notre processus de sélection attentionnelle n'ait commencé.

Mais quel est le juste milieu? Combien de temps faut-il attendre avant de prendre une décision afin de constater une amélioration significative de la qualité de la prise de décision? Pour les participants à cette étude, il s'agissait d'une tâche à la fois simple et complexe : identifier la direction du mouvement des points cibles tout en ignorant une série de points de distraction intrigants. Les participants ont été invités à rechercher la précision, ce qui a légèrement ralenti le processus, et cela a fait toute la différence : un délai de cinquante millièmes de seconde a permis d'améliorer la précision de la réponse de 75 %.

T. Teichert, V. P. Ferrera et J. Grinband, 2014, « Les humains optimisent la prise de décision en retardant le début de celle-ci » (revue *PLOS One* 9, n°3, e89638. DOI : 10.1371/journal.pone.0089638).

Page 107 : est-ce un shiraz[1] ?

Une bouteille de vin : cabernet sauvignon 2006 du Chili.

Quatre styles de musique différents en fond sonore : puissant et lourd (*Carmina Burana*, de Orff) ; subtil et raffiné (« Valse des fleurs », *Casse-Noisette*, de Tchaïkovski) ; vif et rafraîchissant (*Just Can't Get Enough*, de Nouvelle Vague) ; et doux et moelleux (*Slow Breakdown*, de Michael Brook).

Un groupe test a également goûté le vin, mais sans musique. Après une dégustation de cinq minutes, les participants ont évalué la perception de ce vin – vous l'aurez deviné – comme puissant et corsé, subtil et raffiné, vif et rafraîchissant, doux

1. La shiraz est le nom apparenté au cépage syrah, essentiellement dans le Nouveau Monde : vins produits en dehors des régions viticoles traditionnelles d'Europe et du Moyen-Orient (*NdlT*).

et moelleux. La corrélation était évidente : le type de musique écouté par les intéressés influençait directement leur expérience du goût.

Ce qui me fait penser que je dois arrêter d'écouter Perry Como.

A. North (2011) : « L'effet du fond musical sur le goût du vin », *British Journal of Psychology* 103, n°3, 293-301. DOI : 10.1111/j.2044-8295.2011.02072.x.

Page 176 : les quatre lois du changement d'habitude de Clear

Atomic Habits ressemble au guide pratique de l'ouvrage de Charles Duhigg, *Le Pouvoir des habitudes*. Il reprend le cycle de l'habitude, ainsi que d'autres travaux réalisés par des auteurs comme B. J. Fogg et Nir Eyal, pour en dégager les quatre lois du changement des habitudes. Vous venez de lire la quatrième. Les voici :

1. Rendez-le évident (vous savez comment commencer).
2. Rendez-le attractif (vous voulez le faire).
3. Rendez-le clair (vous savez ce que vous devez faire).
4. Faites-vous plaisir (vous éprouvez un sentiment de satisfaction lorsque vous l'avez fait).

Page 196 : vous êtes irrationnel, et moi aussi

Les travaux sur l'économie comportementale nous ont montré à quel point nous sommes irrationnels, même si nous aimons croire le contraire. L'ouvrage qui fait autorité en la matière est celui de Daniel Kahneman, *Système 1. Système 2. Les deux vitesses de la pensée*, publié en 2012. C'est remarquable, mais ce n'est pas non plus ce que j'appellerais une lecture rapide. J'ai également apprécié *Misbehaving. Les découvertes de l'économie comportementale*, de Richard H. Thaler, et *Nudge*, dont il est l'auteur avec Cass Sunstein, qui traite de la mise en œuvre d'une « architecture de choix » visant à obtenir de meilleurs résultats. Sunstein a également publié *How Change Happens*, qui s'appuie sur la méthode *nudge*[1] et la développe, et qui constitue également une bonne référence.

Si vous cherchez une liste des biais cognitifs étranges que nous entretenons tous, faites une recherche sur « biais cognitifs » dans Wikipedia. Vous y trouverez une liste impressionnante de nos faiblesses, du déficit d'empathie au biais de l'optimisme en passant par celui de la sélection.

---

1. En management, la méthode *nudge* consiste à créer un environnement favorable au changement de comportement. Elle permet d'accélérer ce changement grâce à une vision plus holistique du comportement, contrairement au management classique qui crée la motivation à partir d'éléments extérieurs (*NdlT*).

Lorsque vous vous comportez davantage comme un manager-coach, les recherches et l'expérience révèlent deux résultats évidents :

1 **Vous permettez à des individus d'être plus forts.**

2 **Vous contribuez à améliorer leur performance.**

UNE CULTURE FONDÉE SUR LA CURIOSITÉ

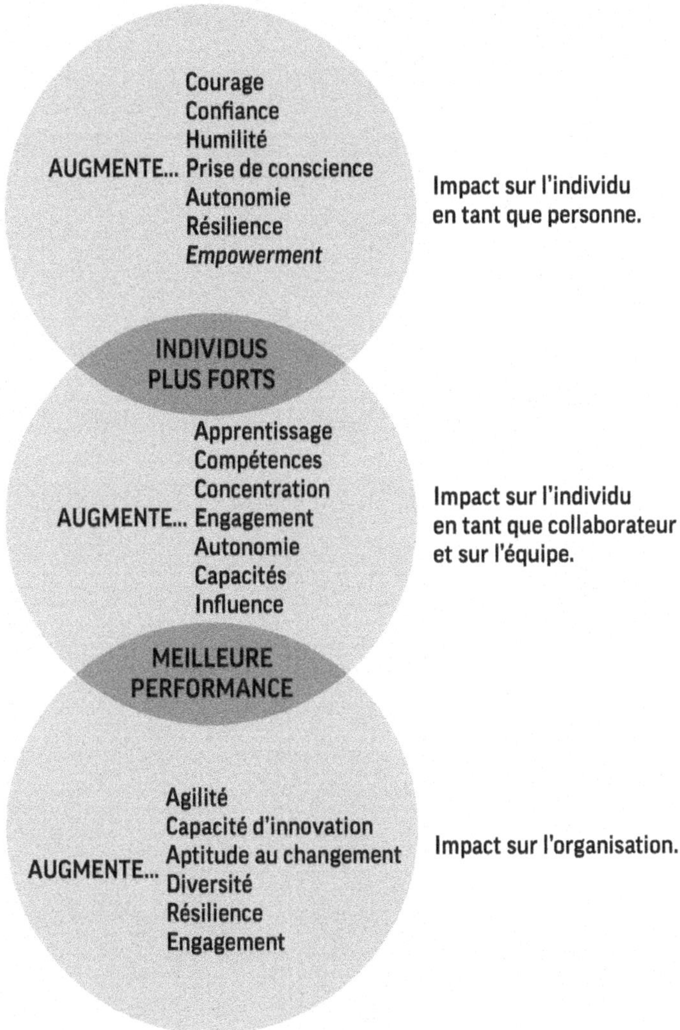

~~Remerciements~~
Gratitude

Si vous lisez ces lignes, soit vous me connaissez (bienvenue), soit vous êtes un auteur et vous jetez un coup d'œil parce que vous savez parfaitement qu'un ouvrage est le fruit d'un travail collectif, et non celui d'une seule personne. *Le Guide de l'anti-manager* n'est pas différent, et je me rends compte que « remerciements » est un terme plutôt froid pour exprimer la profonde gratitude que je ressens à l'égard des personnes qui ont contribué à cet ouvrage.

Tout d'abord un grand merci à Marcella.

Quelques personnes ont fait des commentaires pertinents, rendant ce livre plus intelligent. Jill Murphy m'a suggéré la phrase « le conseil détruit votre entreprise ». Simon Byerley m'a expliqué comment donner un aspect plus visuel à cet ouvrage. Elizabeth Marshall m'a convaincu d'abandonner un titre que j'aimais au profit d'un autre que j'aime encore plus. Dr Lucinda Platt a été à l'origine du « tourbillon ». Evan Smith m'a conseillé sur le choix des noms des autres cercles vicieux. Misha Glouberman a insisté pour que je révise les vingt premières pages, ce que j'ai fait pour les rendre parfaitement cohérentes. Tim Norfolk m'a poussé à articuler de manière plus subtile et plus précise les avantages du coaching. Dr Shannon Minifie a précisé l'ADN du « monstre des conseils ».

Un cercle restreint de conseillers et de spécialistes dans lesquels j'ai toute confiance a lu les différentes ébauches, m'a indiqué des références, rassuré, encouragé et incité à aller de l'avant. Je remercie sincèrement Brian Brittain, Chris Taylor, Christine Hall, Dan Pontefract, Dr David Petersen, Eric Klein, James Clear, Dr Jason Fox, Jen Louden, Kate Lye, Liz Wiseman, Dr Mark McDaniel, Mark Silver, Mark et Tracey Thompson, Michael J. Leckie, Molly Gordon, Dr Peter Brown, Peter Nakamura, Rachel Dale et Yasamine Jacobs.

Vous aurez constaté que de nombreuses personnes contribuent à renforcer l'écosystème d'apprentissage[1] de ce livre. Je remercie Amy Armstrong, Andrea Wanerstrand, Carrie Willetts, Courtney Hohne, Garry Ridge, Glen Lally, Michael J. Leckie, Rachel Dale et Tricia Gorton pour leurs idées sur la manière d'intégrer le coaching au sein de l'entreprise, et pas seulement des ressources humaines. Un grand merci également aux 52 leaders formidables qui font partie du programme de leadership, et dont la liste est disponible en pages 247-249.

1. Dans le domaine de la formation, l'écosystème d'apprentissage désigne l'infrastructure d'une organisation, c'est-à-dire les individus, les systèmes, les outils et les technologies qui rendent la formation possible au sein de l'entreprise (*NdlT*).

J'ai eu l'immense plaisir de travailler une nouvelle fois avec Page Two, la maison d'édition de Box of Crayons Press. J'ai eu la chance de rencontrer ses équipes il y a quatre ans dans le cadre de la publication de mon ouvrage *10 minutes pour coacher ses collaborateurs* et, depuis, c'est un véritable bonheur. Grâce aux talents de ma relectrice, Amanda Lewis, vous apprécieriez la différence entre la deuxième version et ce que vous venez de lire. Gabi Narsted a été parfaite en tant que responsable de projet, et nous avons respecté scrupuleusement la date de publication prévue. Peter Cocking a été un merveilleux collaborateur pour la conception du livre et a supporté mes caprices à propos de...

Tout! Annemarie Tempelman-Kluit a suscité des réflexions ambitieuses concernant la stratégie marketing du livre. Je remercie chaleureusement les deux fondateurs de Page Two, Trena White et, plus particulièrement, Jesse Finkelstein, qui a toujours été une fervente adepte de mon travail.

Je remercie le docteur Marshall Goldsmith qui, il y a quelques années, m'a invité à rejoindre son groupe des cent coachs. Marshall fait figure de référence dans le domaine du coaching. Je me considère comme chanceux d'avoir bénéficié de son soutien et de son accompagnement.

Parallèlement à l'écriture de ce livre, Box of Crayons a poursuivi son développement en tant qu'organisation. Cela n'aurait pas été possible sans son équipe exceptionnelle. L'équipe de direction composée du Dr Shannon Minifie, Yasamine Jacobs et Christine Hall, ainsi que la coach de l'équipe, Jill Murphy, ont travaillé avec intelligence et sans relâche pour nous aider à surfer sur la vague de ces quatre dernières années. Marlene Eldemire, mon assistante de direction, et Ernest Orient, mon coach, ont joué un rôle essentiel et m'ont permis de rester équilibré dans ma vie quotidienne. Merci à toute l'équipe de Box of Crayons, à notre groupe de responsables de programmes chevronnés et présents dans le monde entier, ainsi qu'à tous nos clients pour le plaisir et le privilège de travailler avec eux.

Et, enfin, pour Marcella: « Ta détermination légitime mon cycle et me fait terminer là où j'ai commencé. »

« Je suis heureuse d'avoir prêté si peu d'attention aux bons conseils ; si je les avais suivis, j'aurais probablement été épargnée d'un grand nombre de mes plus précieuses erreurs. »

Edna Saint Vincent Millay[1]

---

1. Edna St Vincent Millay, née à Rockland, États-Unis, le 22 février 1892 et décédée le 19 octobre 1950, est poétesse et dramaturge. Connue pour son style de vie bohème et ses nombreuses histoires d'amour, elle fut la troisième femme à recevoir le prix Pulitzer de la poésie (*NdlT*).

À propos de l'auteur

« Mon nom est Michael. Je sais sauter. Tu veux me regarder sauter ? » C'est ainsi que je me présentais à l'âge de 3 ans à des étrangers plutôt surpris dans les supermarchés. Rien n'a vraiment changé, si ce n'est que ma mère semble un peu moins surprise. Voici la version officielle de ma biographie dont les meilleurs passages se trouvent à la fin.

Michael Bungay Stanier fait figure de pionnier dans la conception des méthodes utilisées par les organisations du monde entier qui souhaitent inscrire la pratique quotidienne du coaching parmi les compétences essentielles du leadership. Son ouvrage *10 minutes pour coacher ses collaborateurs* est le best-seller du siècle dans le domaine du coaching, vendu à plus de 700 000 exemplaires et qui a obtenu plus de mille commentaires cinq étoiles sur Amazon. En 2019, Michael a été nommé lauréat de la catégorie coaching par le palmarès Thinkers50 qui récompense les idées les plus stimulantes dans le cadre des « oscars du management ». En outre, Michael a été désigné premier coach canadien de l'année et est considéré comme le gourou du coaching au niveau international depuis 2014. Michael a bénéficié d'une bourse Rhodes.

Michael est le fondateur de Box of Crayons, une entreprise de formation et de développement qui accompagne des organisations pour les aider à passer d'une approche fondée sur les conseils à une approche fondée sur la curiosité. Les entreprises guidées par la curiosité font preuve de plus d'engagement, de résilience, d'innovation et de connexion. La clientèle de Box of Crayons est internationale. Pour en savoir plus sur les activités de Michael, consultez son site boxofcrayons.com.

ERIC MICHAEL PEARSON

Michael est un orateur convaincant, qui allie le sens pratique, l'humour et un niveau d'engagement sans précédent avec son auditoire. Il intervient dans le monde entier devant des publics allant de dix à dix mille personnes. Pour en savoir plus, visitez son site MBS.works.